내 아이 평생 수학왕으로 만드는

초등수학
기적의 18개념

KI신서 3446
초등수학 기적의 18개념

1판 1쇄 인쇄 2011년 7월 10일
1판 1쇄 발행 2011년 7월 15일

지은이 오승환
펴낸이 김영곤 **펴낸곳** (주)북이십일 21세기북스
출판컨텐츠사업부문장 정성진 **생활문화팀장** 김선미 **기획편집** 김순란
영업·마케팅본부장 최창규 **영업** 이경희 박민형 **마케팅** 김보미 김현유 강서영
출판등록 2000년 5월 6일 제10-1965호
주소 (우413-756) 경기도 파주시 교하읍 문발리 파주출판단지 518-3
대표전화 031-955-2100 **팩스** 031-955-2151
이메일 book21@book21.co.kr **홈페이지** www.book21.com
트위터 @21cbook **블로그** b.book21.com

값 12,000원
ISBN 978-89-509-3202-2 13370

이 책 내용의 일부 또는 전부를 재사용하려면 반드시 (주)북이십일의 동의를 얻어야 합니다.
잘못 만들어진 책은 구입하신 서점에서 교환해 드립니다.

내아이 평생 수학왕으로 만드는

초등수학 기적의 18개념

오승환 지음

21세기북스

평생수학,
제대로 가르쳐야 제대로 배운다

　우리는 흔히 아이들에게서 이런 질문을 받곤 한다. "엄마, 어른이 된 다음에 수학이 무슨 필요가 있어?" 만약 이 질문에 멈칫 했다면, 당신 역시 잘못된 편견 속에서 학교 성적만을 위해 아이들을 닦달한 것이 아닌지 되돌아봐야 한다.
　우리의 일상에서 수학은 가장 활용도가 높은 과목이다. 수학이 싫어서 문과에 진학해도, 경영학과나 경제학과에 가면 어쩔 수 없이 수학적 지식을 필요로 한다. 수학이 싫어서 경영학과를 피한다 하더라도, 회사에 들어가면 다시금 수많은 그래프와 도표, 숫자들을 만나게 된다. 하다못해 사회생활을 하지 않고 전업주부가 되더라도, 숫자를 알아야 재테크를 할 게 아닌가. 결국 이제는 부모가 먼저 알아야 한다. 치열한 경쟁 사회 속에서 살아남으려면 숫자와 먼저 친해져야 한다는 것을. 그래서 우리 아이들에게 다른 그 무엇보다 숫자와 친해지는 법을 가르쳐야 한다는 것을 말이다.
　이런 현실에도 불구하고 아이들은 쉽사리 숫자와 친해지지 못한다. 많은 아이들이 오랫동안 학교와 집, 학원을 오가며 수학을 공부하지만, 성적은 쉽사리 오르지 않는다. 오르기는커녕 고학년이 될수록 수학을 포기하는 사태가 속출하게 된다. 부모 입장에서야 허리띠 졸라매고 열심히 교육에 투자했는데 왜 그럴까 싶겠지만, 아이들 입장에서는 아무리 배워도 이해가 안 가는 것을 어쩌란 말인가.

아이들이 수학을 포기하게 되는 가장 중요한 이유 중 하나는 잘못된 수학 지도 방법에 있다. 아이에게 문제가 있는 게 아니라 어른에게 문제가 있다는 뜻이다. 바람직한 지도 방법을 고민하지 않고, 자신이 알고 있는 지식을 전달하는 데 급급하다 보니, 우리 아이들에게 수학을 포기하라고 강요하고 있는 것이다.

예를 들어 생각해보자. 우선 아이는 학교와 학원과 가정에서 서로 다른 방법으로 문제를 풀라고 배운다. 학교에서는 선생님이 이렇게 하라고 하는데, 학원에서는 이렇게 하라고 한다. 헷갈려서 부모한테 물어보면, 부모는 또 이렇게 하라고 말한다. 더 문제가 되는 것은 대부분의 부모들이 자신들이 배웠던 고등교육 수준으로 문제풀이를 한다는 것이다. 아직 방정식을 배우지 않은 아이에게 미지수 x를 이용한 식을 만들어주면서 풀어보라고 하는 식이다. 이런 상황에서 아이들이 수학을 재미있게 느끼기란 불가능한 일이다.

또 하나는 그동안 아이들의 문제해결 과정, 즉 답을 얻기까지의 사고 과정은 별 관심의 대상이 아니라는 점이다. 답이 맞았는지만 중요했다. 그러다 보니 오답이 발생했더라도 무조건 다시 풀어보게 했고, 그래도 틀리면 직접 연필을 잡고 자세하게 설명해주는 일을 반복했다. 그러면 충분히 이해할 것이라는 어리석은 믿음을 가지면서 말이다.

이 책에서는 이러한 잘못된 방법에 경종을 울리고 싶었다. 답을 얻기까지 자녀가 어떤 생각을 했는지 알지 못한 상태, 즉 자녀와의 공감이 전혀 이루어지지 않는 상태에서 아무리 떠들어댄들 자녀가 제대로 익힐 수 있을까? 아니다. 그래서 드러내자는 것이다. 문제가 무엇을 묻고 있는지, 문제 분석을 어떻게 했는지, 어떤 전략을 가지고 해결하려고 하는지를 말로 주고받아야 적절한 처방을 내릴 수 있는 것이다. 결국 '대화를 통한 수학공부'가 해법이다. '대화를 통한 수학공부'는 서술형·논술형 평가를 대비하는 데에도 적격이다.

이 책은 초등6년의 수학 교과를 18가지 개념으로 압축하고, 부모가 아이를 손쉽게 지도할 수 있도록 75문항의 예시를 들었다. 무작정 아이들을 닦달하거나 혼자서 풀라고 시키기 이전에, 아이들이 어떤 점을 어려워하는지 먼저 살펴보고 어떤 식으로 문제풀이를 이끌어야 하는지 참고했으면 한다. 그래서 아이들의 수학 성적에 답답해하는 모든 부모들에게 도움이 되기를 바란다.

오승환

차례

프롤로그 | 평생수학, 제대로 가르쳐야 제대로 배운다 • 04

Part. 1
수학, 왜 이렇게 어려운 걸까?

01 아이가 수학을 포기한 책임은 부모에게 있다 • 12

02 가르치려면 제대로 가르쳐라 • 15

03 자기주도학습을 제대로 이해하라 • 17

04 선행(先行)학습은 더 이상 선행(善行)이 아니다 • 20

05 지식일지와 계산노트를 활용하라 • 24

06 시기에 맞는 문제집을 선택하라 • 31

07 학원을 보낼 것인가, 말 것인가? • 34

Part. 2
18가지 개념으로 끝내는 초등수학

1장 숫자를 가지고 놀게 하라

자연수와 연산 교과 과정 • 40

분수와 소수의 연산 교과 과정 • 42

[개념 1] **수를 쪼개고 합쳐라** • 44

[개념 2] **외워라, 바꾸기 위하여** • 53

[개념 3] **'똑같이' 나누지 않으면 반칙이다** • 64

[개념 4] **우리는 하나다** • 76

[개념 5] **순서를 무시하면 혼란스러워진다** • 86

2장 도형의 모든 것

도형의 교과 과정 • 96

[개념 6] **직접 만지고 살펴라** • 98

[개념 7] **정의를 내려라** • 111

[개념 8] **묶어야 보인다** • 122

[개념 9] **돌리고, 돌리고** • 133

3장 측정과 단위의 모든 것

측정과 단위 교과 과정 • 146

[개념 10] **감각을 키워라** • 148

[개념 11] **보이지 않을 뿐이다** • 160

[개념 12] **단위가 바뀌어도 두렵지 않다** • 177

[개념 13] **공식은 논리다** • 184

4장 표와 그래프의 모든 것

확률과 통계 교과 과정 • 196

[개념 14] **기준이 필요하다** • 198

[개념 15] **목적에 맞게 표현하고 분석하라** • 211

5장 응용력의 모든 것

규칙성과 문제해결 교과 과정 • 222

[개념 16] **문제를 만들 줄 알아야 한다** • 224

[개념 17] **규칙을 발견하라** • 236

[개념 18] **문제를 분석하고 전략을 발견하라** • 248

Part 1.

수학, 왜 이렇게 어려운 걸까?

아이가 수학을 포기한 책임은 부모에게 있다

"1, 2학년 때에는 수학이 쉽다는 우리 아이, 조그만 도와줘도 금방 문제를 해결했던 우리 아이가 4학년이 되더니 수학이 힘들다고 하네요. 재미가 없대요. 그래서 옆에 끼고 가르치려고 하니 쉽게 설명해주기가 만만치 않아요. 갑자기 내용이 어려워졌어요."
"3학년까지는 학습지를 하거나 집에서 혼자 공부해도 90점 이상 받았어요. 그런데 4학년에 올라가서 받은 1학기 중간고사 성적이 형편없었어요. 그래서 학원에 보내기로 했죠. 초등학교 4학년 때, 수학을 잘하는 아이와 포기하는 아이가 결정된다는 말이 맞는 것 같아요."

초등학교 4학년쯤 되면 수학을 잘하는 아이와 못하는 아이가 결정된다고들 한다. 참으로 무서운 얘기다. 공교육에 입문한 지 불과 4년 만에 잘하는 아이와 못하는 아이로 결정되어버린다면, 앞으로 남은 대학 교육까지의

년 동안은 수학 공부를 할 필요가 없다는 말이다. 학원비, 과외비 들여가며 수학 공부를 해봐도 도로아미타불인 것을, 매월 20~30만 원씩 쏟아부을 이유가 없지 않은가. 아이의 입장에서도 마찬가지다. 이미 수학을 못하는 아이로 결정되어버렸는데, 수학을 포기하지 않으려고 버틸 까닭이 없다.

한창 공부의 맛을 느끼는 아이들에게 '결정되었다'라는 말은 하지 말자. 결정되어진 건 아무것도 없다. 다만, 이해 속도가 빠르고 느린 차이다. 이해 속도가 느리다고 해서 수학을 못한다고 말해서는 안 된다. 지금은 이해 속도가 느려 수학적 개념이나 원리들을 받아들이는 데 친구들보다 시간이 많이 걸리지만 1, 2년 뒤에는 얼마든지 바뀔 수 있다.

그래서 초등학교 4학년쯤 되면 수학을 잘할 수 있는 재능이 보이는 시기라고 해야 맞다. 수학에 재능을 보이는 아이들이 그렇지 않은 아이들보다 수학적 개념이나 원리의 이해, 적용능력이 뛰어난 건 분명하지만, 뛰어나다고 해서 반드시 잘하는 것은 아니다. 평범한 능력을 갖고 태어났지만 잘 해내는 사람들이 부지기수다.

문제는 어른들, 특히 가르치는 사람(강사, 교사, 학부모 등)과 수학책(문제집)이다. 수학은 계열성이 강한 과목이기 때문에 전 단계의 내용을 충분히 이해하지 못하면 다음 단계에서 그만큼 어려울 수밖에 없다. 아마도 이는 부모들 모두 알고 있는 사실일 것이다. 그러나 현실은 어떠한가? 진도를 나가야 한다는 이유로, 시간이 없다는 이유로, 문제 푸는 속도가 느리다는 이유로, 아이가 완전히 이해를 하기 전에 다음 단계로 넘어가 버린다. 게다가 아이들은 개념이나 원리에 대한 설명을 듣고 관련된 기초 문제를 풀 수 있게 되면, '안다'고 받아들이는 경향이 강하다. 그러므로 아이가 안다고 말했을 때, 이 말을 전적으로 믿지 말고, 난이도를 단계별로 높인 문제를 풀면서 제대로 이해할 수 있도록 해야 한다. 수학을 잘하는가, 못하는가는 아이의 문제가 아니라 바로 우리들의 문제다. 가르치는 사람들의 문제인 것이다.

가르치려면
제대로 가르쳐라

어느 날, 4학년 아이가 다음과 같은 문제를 들고 오더니 자랑스럽게 말했다.

"선생님, 어제 선생님이 내준 문제를 아빠와 함께 풀었어요."

사탕을 몇 사람에게 나눠주려고 합니다. 한 사람당 3개씩 나눠주려면 8개가 남고, 5개씩 나눠주려면 10개가 부족하다고 합니다. 사람 수와 사탕 수를 구하시오.

앞으로 나와 설명을 하면서 칠판에 풀어보게 했다. 중간에 얼렁뚱땅 넘어가면서 간신히 설명한 내용을 정리해서 옮겨놓자면 다음과 같다.

"사람 수를 x라고 하면 $3x+8=5x-10$에서 $5x-3x=18$이므로 $x=9$입니다. 따라서 사람 수는 9명입니다. $3\times9+8=35$이므로 사탕 수는 35개입니다."

초등학교 교과서에 방정식이 등장한 것은 2011년 7차 개정 6학년 교과서부터다. 이때가 벌써 몇 해 전의 일이니, 당시에는 초등학교 수학 교과서에 방정식이 전혀 등장하지 않을 때였다. 그런데 방정식을 한 번도 본 적이 없는 4학년 아이가 방정식으로 문제를 풀이한 것이다. 과연 이 아이가 방정식을 이해했을까? 다른 문제를 풀 때 방정식을 적용해야겠다는 생각을 할 수 있을까? 이러한 장면은 우리 주변에서 흔하게 볼 수 있다. 아이 눈높이에서 어떻게 해야 문제를 쉽게 풀 수 있는지를 설명해주지 못하고, 자신의 입장에서 해결하기 쉬운 방식을 그대로 아이에게 전달해주고 있는 부모의 모습 말이다. 이러한 경우가 빈번하게 발생한다면 가장 큰 피해자는 당연히 아이들이다.

수학을 잘 가르치기 위해서는 이론적인 무장이 필요하다. 여기서 말하는 이론이란 수준 높은 수학 지식이 아니다. 단원별로, 학년별로 어떻게 내용이 구성되어 있고, 어떤 식으로 아이들에게 지도해야 할지에 대한 지식을 의미한다. 특히 학부모에게 이러한 이론적인 지식에 대한 무장은 더더욱 중요하다. 왜냐하면 자녀의 학습권을 학부모가 쥐고 있기 때문이다. 학부모의 잘못된 판단은 아이를 헤어나기 어려운 구렁텅이로 몰아넣을 수 있다. 과거와는 달리 정말 많은 부모들이 학사 이상의 고등 교육을 받았기 때문에 충분히 가르칠 수 있다고 판단하고 가르치려고 덤빈다. 하지만 아이들의 눈높이에 맞춰 가르치는 방법을 공부하지 않고, 과거의 지식만을 최대한 활용해보겠다는 배짱은 더 이상 용납될 수 없다.

자기주도학습을
제대로 이해하라

"수학은 스스로 생각할 수 있는 사고력을 길러줘야 한다고 하잖아요. 그래서 자기주도학습이 정말 중요하다고 하는데, 막상 아이에게 어떻게 자기주도학습을 시켜야 할지 모르겠어요."

"이해가 가냐고 물어보니까 그렇다고 하고, 다 안다고 말해서 그런 줄 알았거든요. 그런데 막상 문제를 풀라고 하면 왜 틀리는지 이해할 수가 없어요. 심화 문제도 아니고 분명 기본 문제였는데, 왜 그러는 걸까요?"

수학은 아이들 스스로 생각하며 답을 찾아가는 사고력이 정말로 중요한 과목이다. 하지만 정작 현실에서는 아이들 스스로 생각할 수 있는 기회를 주지 못한다. 원리나 공식을 던져주고 외우게 할 뿐이다.

4학년 〈평면도형의 둘레와 넓이〉 단원을 보면 직사각형의 넓이를 구하는 공식이 나온다. 이때 '직사각형의 넓이=가로×세로'로 외우라고 시킨다면, '삼각형의 넓이=밑변×높이÷2'라고 외울 수밖에 없다. 이러한 방식은 앞서 말한 논리적인 사고능력을 키우기는커녕, 수학을 외우는 과목이라는 편견을 만드는 주범이다.

아이가 직사각형의 넓이를 구하는 원리를 이해했는지를 알고 싶다면, 오히려 다음과 같은 질문을 던져야 한다.

"오늘 직사각형의 넓이는 가로길이 곱하기 세로길이라는 걸 알게 됐잖아. 그럼 삼각형의 넓이는 어떻게 구할 수 있을까?"

열심히 외우기만 했던 아이라면 이 문제를 해결할 수 없을 것이다. 하지만 직사각형의 넓이를 구할 때, 왜 가로길이 곱하기 세로길이를 해야 하는지 이해했다면, 그 원리를 이용해 삼각형의 넓이를 구할 수 있게 된다.

"삼각형의 넓이는 직사각형의 넓이의 절반이에요. 그러므로 삼각형의 넓이는 '직사각형의 넓이÷2'와 같아요. 직사각형의 넓이는 '가로×세로'이기 때문에 삼각형의 넓이는 '가로×세로÷2'라고 할 수 있어요."

> 삼각형에서는 '가로'와 '세로' 대신에 '밑변'과 '높이'라는 용어를 사용하긴 하지만, 그건 차후의 문제다. 이 아이는 삼각형의 넓이를 어떻게 구해야 하는지 전혀 몰랐지만, 이미 알고 있는 지식으로부터 유추하여 삼각형의 넓이를 구하는 방법을 발견한 것이다.

여기서 우리가 명심해야 할 것이 있다. 자기주도적 학습은 아이들이 스스로 알아서 해야만 하는, 우리가 도와줘서는 안 되는 방법이라는 생각은 큰 착각이란 것이다. 아이들이 자기주도학습을 하려면, 오히려 부모들은 훨씬 더 많은 준비가 필요하다. 일방적으로 전달하고 외우라고 하는 게 아니라, 아이들의 생각하는 힘을 길러줘야 하기 때문에, 생각의 범위를 넓히고 깊이를 더해줄 수 있는 다양한 학습자료와 안내가 반드시 있어야 하는 것이다. 또한 학부모는 상당한 인내의 경지에 올라 있어야 한다. 부모가 안내하는 길을 따라 가면서 원하는 결론에 도달할 수 있으면 좋겠으나, 그러지 못했을 때에는 또 다른 안내와 자료를 제공해줘야 하기 때문이다. 많은 부모들이 한 번의 개념 설명으로 아이가 이해하지 못하면, 오히려 화를 내며 설명하려고 한다. 아이가 갖고 있는 연필을 빼앗아 '설명 잘 들어!'라고 하면서, 개념이나 원리, 문제풀이 방법을 가르치려고 하는 것이다. 이 순간 자기주도학습은 끝난다.

> 자기주도적 학습 방법을 구현하는 과정에서 놓치지 말아야 할 것은 질문이다. 서로 질문과 답을 주고받는 과정이 있어야 한다. 유의해야 할 점은 '알았지?'라는 말을 사용해서는 안 된다는 점. 이는 강제적인 답변을 요구하고 있기 때문이다. 제대로 이해하지 못했는데도 '알았다'고 답할 확률이 매우 높다. '이렇게 해보면 어떨까?', '그렇게 생각한 이유가 뭐니?', '그 방법 말고는 없을까?' 등과 같은 질문이 좋다. 이것이 바로 개념이나 원리를 발견해가는 과정이며, 문제풀이 과정이다.

선행(先行)학습은
더 이상 선행(善行)이 아니다

"우리 아이는 2학년인데 벌써 나눗셈까지 다 끝냈어요. 선생님이 질문하기만 하면 항상 제일 먼저 손을 들어 척척 대답을 잘하니까, 선생님이 예뻐한다네요."

"바로 우리 앞 동에 사는 ○○는 중학교 1학년인데, 중학교 수학을 미리 선행하지 않아 선생님 설명을 통 알아들을 수 없다며 학원을 보내달라고 했대요. 그러고 보니, 얼마 전 신문에서 선생님들은 아이들이 학원에서 이미 배웠다고 생각하고 수업을 진행한다는 기사를 읽은 기억이 나요."

"선행을 해야 할지 말아야 할지 아직도 판단을 못하겠어요. 2년이나 선행을 했는데, 이번 학교 경시대회 성적이 처참하더라고요. 쉬운 문제는 누구나 다 맞출 거고 어려운 문제를 푸느냐 그렇지 못하느냐가 결국은 중요할 텐데, 선행을 아무리 해도 높은 난이도의 문제를 못 푼다면 선행을 할 이유가 없잖아요."

대한민국 초·중·고 학생들의 대부분이 1, 2년 이상 선행학습을 한다. 불안하기 때문이란다. 아예 교육 과정을 1, 2년을 앞당겨 새로 짜야 할 판이다. 어차피 1, 2년 미리 공부할 거라면 초등 교육을 4년이나 5년으로 제도화해야 맞는 형국이지 않는가.

이쯤에서 묻고 싶다. 학교에서 진행되고 있는 평가는 크게 세 종류다. 형성평가, 중간·기말고사, 경시대회가 그것이다. 열심히 선행을 한 당신의 자녀는 분명 형성평가나 중간·기말고사에서 우수한 성적을 거두었을 것이다. 그렇다면 경시대회는 어떠한가? 아마 경시대회 성적은 형성평가나 중간·기말고사 성적보다 30~40% 이상 떨어졌을 것이다. 70% 이상 떨어진 경우도 있었을 것이다. 선행을 하고자 한 이유가 수학 성적을 올리기 위함이 아닌가. 그런데 이렇게 형편없는 수학 성적표를 보고서도 선행을 해야 한다고 고집을 부리는 이유가 뭔지 모르겠다. 선행을 하게 되면 기본적인 개념이나 원리를 다른 아이들보다 빨리 알게 됨으로써 경쟁에서 앞설 수 있기 때문이라고 치자. 그러나 이 말도 어설픈 핑계거리에 불과하다. 초등학생들에게 어떤 경쟁이 존재한다는 건가. 목적지가 있어야 경쟁의 성패를 가늠할 수 있을 텐데, 목적지가 없다. 특목고, 외고, 과고 입학이 목적지라고 말한다면, 그 목적지를 향한 경쟁은 중학교에 가서 해도 늦지 않다. 탄탄한 수학적 힘을 갖고 있다면 말이다.

우리가 배우게 되는 개념이나 원리는 아이들의 인지발달 단계를 고려한 것이기 때문에 무작정 앞당겨 배운다고 해서 그것들을 충분히 이해했다고 볼 수 없다. 아니 이해를 못하는 경우가 대부분이다. 그러므로 아무 효과가 없는 선행학습을 멈추고, 이제부터는 선행학습에 투자한 시간을 심화학습에 투자하자. 복습을 통한 심화학습은 자녀의 수학적 힘을 키워줄 수 있고, 이렇게 수학적 힘이 길러진 아이는 특목고에서 원하는 인재상과 더욱 가까워진다.

그렇다면 진정한 '심화학습'은 과연 무엇일까? 무조건 어려운 문제를 푸는 활동이 심화학습인 것처럼 받아들여서는 곤란하다. 우리가 말하는 심화학습은 크게 두 가지의 의미가 있다. 첫째는 교육 과정에서 제시하고 있는 '심화과정'이고, 다른 하나는 두 가지 이상의 개념이 적용되어 있는 문제를 다루는 과정이다.

교육 과정에서 제시하고 있는 '심화과정'은 이미 대부분의 문제집에서 다루고 있는 부분이다. 수학문제집은 일반적으로 각 단원마다 3~4단계를 밟고 있다. 단어 사용에 약간의 차이는 있지만, '개념 알기', '개념 익히기', '실력 높이기', '서술형·논술형 문제', '단원 마무리' 순으로 되어 있는데, '실력 높이기'와 '서술형·논술형 문제'가 '심화과정'에 해당된다. 따라서 이 부분은 문제집을 집중적으로 활용하면 어느 정도 해결할 수 있다. 오히려 문제는 두 가지 이상의 개념이 혼합되어 있는 문제를 해결하는 심화학습이다.

혹시 자녀들이 단원별 문제집을 풀었을 때와 중간·기말고사 대비 문제집을 풀었을 때 오답률을 비교해본 적이 있는가? 아마도 후자의 경우, 오답이 훨씬 많을 것이다. 우리 자녀들은 영리해서 단원별 문제집을 풀 때에는 문제에 대한 철저한 분석을 하지 않더라도 정답을 이끌어낼 수 있다. 지금 자녀가 나눗셈 단원을 공부하고 있다면 모든 문제를 나눗셈으로 풀어야만 한다는 것을 알고 있기 때문에, 곧바로 나눗셈법을 활용할 것이기 때문이다. 그러나 단원별 문제집이 아닌 경우에는 문제에 대한 분석을 해야 하고, 어떤 원리를 이용해서 문제를 풀어야 할지를 생각해야 한다. 문제에 대한 분석을 제대로 하지 않으면 곱셈식을 세워야 하는지, 나눗셈식을 세워야 하는지 모르므로, 오답률은 그만큼 커지게 된다. 다시 말해, 한 가지 개념이나 원리만을 다루는 문제 위주의 수학 공부를 한다면 수학 교육에서 요구하고 있는 수학적 사고력이나 문제해결능력은 기대하기 어렵다. 그렇기 때문에 복습을 통한 심화학습이 중요하다.

> 복습은 각 단원이 끝났을 때도 해야 하지만, 한 학기 또는 한 학년이 끝났을 때에도 해야 한다. 그래야만 여러 단원이 섞여 있는 문제를 풀면서 진정한 심화학습을 할 수 있다.

지식일지와 계산노트를 활용하라

"이제 알겠지?"

"예."

한참 설명을 마친 후 교사(학부모)는 아이에게 문제풀이를 시킨다.

"방금 전에 배운 건데 틀렸어?"

"……."

누구나 비슷한 경험을 했을 것이다. 이러한 악순환의 고리를 끊기 위해 지식일지를 활용해보자. 지식일지를 뭔가 특별하고 거창한 것이라 생각할 필요는 없다. 그동안 '오답노트'라고 불린 것과 크게 차이는 없다. 다만 정리하는 내용과 방법에 차이가 있을 뿐이다. 그러나 그 효과는 상당한 차이가 있음을 느낄 것이다.

수학 공부를 한다는 것은 크게 두 가지를 의미하는데, 하나는 개념이나 원리를 받아들이는 과정이고, 다른 하나는 이미 알게 된 개념이나 원리가 어떻게 적용되고 활용되는지를 문제집이나 여타 활동을 통해 심화시키는 과정이다. 전자는 주로 선생님이나 학부모의 가르침에 의존하는 데 반해, 후자는 주어진 문제해결을 학생 스스로 하고 있다. 지식일지도 그러한 흐름에 맞추어 「개념이나 원리에 대한 정리」와 「문제풀이 과정 정리」의 내용을 담게 될 것이다.

「개념이나 원리에 대한 정리」를 할 때에는 선생님이나 학부모가 가르쳐준 대로 똑같이 따라 쓰는 것은 별 도움이 되지 못한다. 반드시 자신의 생각과 느낌을 정리해야 한다. 그러나 꼭 글로만 쓸 필요는 없다. 그림이나 만화를 통해, 한두 줄의 글을 통해, 운율이 있는 시를 통해, 일기 형식을 빌려 나타낼 수 있다.

「문제풀이 과정 정리」를 할 때에도 문제집에 제시되어 있는 풀이 과정을 그대로 옮기는 활동은 큰 의미가 없다. 우리가 알고 있는 '오답노트'가 대부분 이런 방식으로 활용되고 있는데, 글씨 연습을 하는 게 아니라면 이 방법은 폐기처분되어야 마땅하다. 반드시 학생 자신이 이해한 정도를 자신만의 말과 표현방식을 통해 드러내야 한다. 그 문제를 제대로 이해했는지를 스스로 반성하고 점검할 수 있어야만 지식일지를 쓰는 의미가 있기 때문이다. 그럼 지금부터 지식일지의 활용법과 의미에 대해 살펴보자.

⊙ 줄이 그어져 있는 공책을 사용하는 것이 좋다

지식일지는 창조다. 자신의 생각과 새롭게 알게 된 지식이 쌓여가는 자신만의 공간이 지식일지이므로, 자녀는 지식일지를 통해 창조 활동을 하게 된다.

그렇기 때문에 대충 아무렇게나 정리할 수 없다. 한 권의 책을 써내려가듯이 차근차근 정리해야 하는데, 초등학생들에게는 줄이 있는 공책이 적절하다.

⊙ 개념이나 원리를 정리하는 법

1. 배운 내용을 자신의 말로 정리한다

교과서나 문제집에 쓰여 있는 내용을 그대로 옮겨 적는 것은 의미가 없다고 했다. 반드시 자신이 평상시에 사용하던 낱말을 사용하여 표현해야 한다. 그래야만 논리적 표현력을 향상시킬 수 있고, 개념이나 원리에 대한 이해를 완벽하게 할 수 있다.

예를 들어, 다음과 같은 자기 나름의 여러 표현을 통해 지식일지를 작성할 수 있다.

① 사각형이 하나 있다. 검은 점들이 사각형 안에 빈 틈없이 놓여 있다면 사각형이 꽉 찰 것이다.
이때 사각형의 면적은 점들의 수와 같은데, 점들의 수는 「가로의 개수×세로의 개수」이고, 이 방법이 곧 사각형의 넓이를 구하는 방법과 같다.
② 1a=100㎡라고 한다. 이처럼 생긴 것은 달라도 같은 뜻을 지닌 것들이 참 많은 것 같다. 우리가 사용하고 있는 낱말들도 그렇고… 그러나 상황에 따라 1a를 써야 할지, 100㎡를 써야 할지를 판단해야 할 것 같다.
③ 모든 상황에서 같은 표현을 해야 한다면, 굳이 똑같은 두 가지가 있을 필요가 없을 것이다. 만, 억, 조는 사람들의 성과 같다. 우리 가족은 오씨인데 오승환, 오서윤, 오서영처럼 성은 같고 이름만 바뀐다. 마찬가지로 만은 그대로 있는데 십만, 백만, 천만처럼 십, 백, 천이 다르기 때문이다.

2. 배운 내용을 일기 형식으로 써본다

이 방법은 저학년이나 지식일지 작성을 이제 막 시작하는 자녀들에게 적합하다. 처음부터 많은 내용을 쓰게 하는 것은 지식일지 작성에 대한 부담으로 작용해, 오히려 역효과를 낼 가능성이 많으므로 처음에는 한두 문장으로 시작하는 것이 좋다.

2학년에 등장하는 '곱셈'에 대한 원리를 배운 후 다음과 같이 지식일지를 작성해본다.

> 오늘 곱셈을 배웠다. 2×2=4이고 2×3=6이다. 이 곱셈은 덧셈과 관계가 있다. 2×2는 2가 두 번 더해진다는 뜻이고, 2×3은 2가 세 번 더해진다는 뜻이다. 이것만 알면 어떤 곱셈도 할 수 있다.

3. 배운 내용을 그림으로 나타낸다

이 방법 또한 저학년에서 많이 사용하면 좋다. 글쓰기에 관심이 없거나 수학에 흥미가 없는 학생들에게 적용해봄 직하다. 처음에는 4컷 짜리로, 나중에는 한 컷짜리로 나타내보게 한다. 인물을 등장시켜, 그들의 대화를 통해 개념이나 원리를 표현하게 할 수도 있고, 학생 자신이 주인공이 되어 자신이 알게 된 것을 다른 등장인물들에게 알려주는 방식을 취할 수도 있다.

어쨌든 이 방식은 수학적 지식이나 느낌을 예술이라는 매개체를 통해 구현하는 데에도 공헌할 수 있다. 저학년의 경우에는 창의적인 감각이 뛰어나기 때문에, 그들의 속성을 유감없이 발휘할 수 있도록 개방적인 태도를 취하는 것이 중요하다.

⊙ 문제풀이 과정을 정리하는 법

1. 문제풀이 과정도 자신의 말로 정리한다

오답노트를 연상해도 좋다. 하지만 오답노트는 문제를 쓴 후 정답지에 나와 있는 풀이 과정을 그대로 옮기는 수준이지만, 지식일지는 문제를 쓴 후 정답지를 보지 않고 자신이 이해한 내용을 자신의 말로 드러내야 한다. 어수룩해도 좋다. 반드시 그렇게 해야 한다. 같은 유형의 문제를 계속 틀리는 악순환을 피하고 싶은 마음이 없다면 이렇게 목청껏 외쳐보았자 아무런 의미가 없겠지만, 그동안의 수많은 시행착오를 더 이상 되풀이하고 싶지 않다면 반드시 자신의 말로 나타내는 연습을 해야만 한다. 미래지향적인 평가에 대비하기 위해서라도 말이다.

예를 들어, 5학년이 가장 어려워하는 단원 중의 하나인 〈배수와 약수〉 단원의 문제를 이렇게 정리할 수 있다.

| 문제 |
가로가 24cm, 세로가 16cm인 종이를 남는 부분 없이 잘라서 가장 큰 정사각형 모양의 종이를 여러 장 만들려고 합니다. 정사각형의 한 변을 몇 cm로 하면 됩니까?

| 풀이 |
정사각형 모양의 종이여야 하니까, 가로와 세로가 같아야 한다. 그러기 위해서는 24와 16의 공통된 약수인 공약수 중에서 최대공약수가 필요하다.

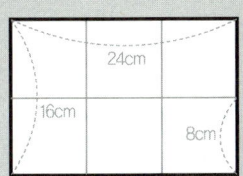
24와 16의 최대공약수는 8이므로 가로와 세로의 길이는 8cm이다.
이렇게 나눠보면 정사각형은 모두 6개가 된다.

2. 계산노트에 의미를 부여하라

그동안 계산노트는 그야말로 계산을 위한 노트였다. 문제집에 계산을 하다보면 지저분하고, 계산의 오류를 범할 가능성이 높아 별도의 계산노트를 활용했다. 그러다 보니 계산노트의 활용 가치에 대해서, 계산노트 활용방법에 대해서는 깊은 관심을 두지 못했다. 그러나 이 계산노트를 잘만 활용하면 단순히 계산의 오류를 줄이는 효과 뿐만 아니라 창의성까지 개발할 수도 있다. 귀가 솔깃하지 않는가.

길포드(J. Guilford)는 사고 유형을 확산적 사고(divergent thinking)와 수렴적 사고(convergent thinking)로 나누고 있다. 확산적 사고는 문제에 대해 가능한 여러 답을 다양하게 산출하기 위한 사고 유형이라 할 수 있으며, 확산적 사고는 다시 유창성, 융통성, 독창성, 논리성, 정교성으로 세분화할 수 있다고 하였다.

그 중 정교성이 계산노트 활용과 밀접한 관련성을 가지고 있다. 정교성은 흩어져 있는 정보나 완성되지 않은 지식을 활용가능하도록 체계화 · 조직화하는 능력을 일컫는다. 한 예를 들자면, 대학 교수들이 장황하게 늘어놓은 말들을 경청하면서 그 내용을 일목요연하게 정리해놓은 학생들을 본

적이 있을 것이다. 그들은 교수의 보이지도 않고 드러나지도 않은 핵심과 주변의 내용을 체계적이고 조직적으로 정리하는 것이다.

이러한 정교성은 일의 시작에서 끝까지를 빼놓지 않는 집중력을 요구하고 있기 때문에 사회에서도 반드시 필요한 능력 중의 하나이며, 서술형·논술형 평가를 위해서도 절대적으로 갖추어야 할 능력이다. 이 능력은 습관으로 자리 잡아야만 완성도를 높일 수가 있다. 그렇기 때문에 어렸을 때부터 훈련이 필요하다. 계산 노트 사용 훈련도 정교성을 키우기 위한 하나의 방법이다.

우선 줄이 그어져 있는 노트를 구입한 후, 각 장마다 절반으로 접는다. 그런 다음 왼쪽 위부터 차근차근 계산해가도록 하되, 한 줄에는 하나의 수가 들어가도록 한다. 줄을 무시하고 숫자를 쓴다거나 비스듬하게 수를 쓰지 않도록 한다. 답이 얻어질 때까지 계산의 중간 과정을 빠짐없이 써내려가게 한다. 숫자를 쓸 때에는 정확하게 쓰도록 한다. 0인지 6인지 스스로 헷갈리는 일이 없도록 해야 한다.

이러한 훈련은 어릴 때부터 하는 것이 좋다. 특히 초등수학의 60% 이상이 수와 연산 영역으로 구성되어 있고, 1, 2학년의 경우에는 그 비중이 훨씬 높아 계산노트 활용의 효과를 배가시킬 수 있다. 저학년들은 계산 과정에서의 실수가 자신감과 직결되어 있기 때문에, 계산노트를 활용하는 습관을 통해 수학에 대한 자신감도 높일 수 있다.

시기에 맞는
문제집을 선택하라

"어떤 문제집을 사야 좋을지 전혀 모르겠어요. 아이 수준에 맞는 문제집을 골라야 한다고는 하지만, 정작 문제집은 다 비슷비슷하게 보이거든요."

"한 권을 집중적으로 풀게 하는 게 좋을지, 여러 권을 다양하게 풀어보는 게 좋을지 모르겠어요."

예습을 할 때는 개념 원리 위주로, 배워야 할 내용을 미리 한 번 훑어보는 정도가 적당하다. 따라서 문제집을 선택할 때에는 가능하면 자세한 설명이 제시되어 있고, 문제 수가 많지 않은 것이 좋다. 자녀 스스로 공부할 수 있는 시간을 많이 가져야 하기 때문이다. 개념이나 원리를 스스로 터득해야 하는 시기이므로, 굳이 많은 문제가 담겨 있는 문제집은 아이들에게 부담만 더 줄 뿐이다.

복습용 문제집으로는 단원별로 구성된 것보다는 단원이 섞여 있는 문제집이 좋다. 그러나 각 단원에 대한 이해가 부족한 자녀라면, 단원별 복습을 먼저 하는 것이 좋겠다. 단원이 섞여 있는 문제집을 선택할 때에는 풀이 과정을 정리할 수 있는 충분한 공간이 확보되어 있는지 살펴보도록 한다.

한 가지 더 명심해야 할 것은 문제집의 난이도다. 각 출판사마다 3단계 수준 정도의 문제집을 내놓는다. 개념의 차이는 있겠으나 대개 '기본', '실력', '응용'의 타이틀을 달고 있는데, 복습용 문제집으로는 '실력'이나 '응용'이 좋다. 자녀의 성향이 도전적이거나 외향적이라고 한다면 현 수준보다 조금 높은 문제집을 선택하는 것도 고려해볼만 하다. 그러나 그 반대 성향의 자녀라면 깊은 숙고가 필요하다.

> 방학 중에는 예습과 복습이 동시에 이뤄져야 한다. 예습과 복습의 비율은 2대 8 정도가 적당하다.

혹시 문제집 한 권에 3단계 수준의 난이도가 섞여 있는 문제집을 선택해야만 한다면, 자녀의 수준을 무시하고 무조건 1번부터 끝까지 풀어야 한다고 강요해서는 안 된다. 보통 그런 문제집은 마지막의 약 5~10문항 정도가 최고 수준의 문항일 것이다. 자녀의 수준과 성향을 고려하여 해결 가능한 문항(부모님의 도움 포함)까지만 도전하자.

문제집을 다루면서 학부모가 관심을 두어야 할 점이 있다. 평가다. 한 단원이 끝나면 반드시 평가를 해야 한다. 평가를 통해 학습목표 도달 여부를 확인하고, 만약 미흡한 부분이 있다면 채워 넣는 피드백 절차를 밟아야 한다. 단

> 학기 중에는 가능하면 문제집 한 권만 다루는 것이 좋다. 방학 중에 사용했던 개념보다 한 차원 높은 문제집을 택하되, 개념 원리를 다루는 내용보다는 심화 수준의 문항이 많은 문제집이면 더욱 좋다. 출판사가 굳이 같을 필요는 없다.

원 평가를 통해, 자녀가 어려워하는 문항이 발견되었다면, 그 문항과 관련된 페이지를 찾아 다시 한 번 이해를 도와야 한다. 그리고서 힘들어했던 문제에 대한 설명을 해보게 해야 한다. 오류를 범했던 다른 문제들도 마찬가지다. 일부 학부모들은 또 다른 문제집을 사 와서 자녀에게 던져준다. 비슷한 유형의 문제를 많이 다루다보면 자녀가 이해할 것이라는 착각 때문이다. 얻어지는 것은 동일한 패턴에 대한 기억일 뿐, 진정으로 그 문제의 의미와 해결 방법을 찾은 게 아니라는 점을 알아야 한다.

학원을 보낼 것인가, 말 것인가?

"○○ 학원은 △△학교에서 1, 2등 하는 아이들이 다닌다는데, 우리 아이도 그 학원에 보내면 어떨까요? 공부 잘하는 아이들과 어울리다 보면 공부에 대한 욕심이 생길 거고, 공부하는 방법도 자연스럽게 배울 수 있고, 그러다 보면 성적이 올라가지 않겠어요?"

"○○ 학원은 이번에 특목고를 엄청 보냈대요. 아이들이 딴생각 못 하게 스파르타식으로 가르치기 때문에 좋은 학교에 보내는 것 같아요. 입학사정관제에 대비해 스펙을 만들어주기도 하니까 부모가 신경을 덜 써도 될 것 같고요."

"그 학원은 한 클래스에 15명씩이래요. 아이 하나하나 신경 쓸 수 있겠어요? 우리 아이는 덤벙거리는 성격이라 선생님이 옆에서 꼼꼼하게 가르쳐주어야 해요. 그래서 학원을 보내기보다는 과외를 시키는 게 나을 것 같아요."

"저 학원은 창의력/사고력 수학을 잘 가르친다네요. 토론식 수업으로 발표능력을 키워주고, 영재교육원에도 많은 아이들을 보냈대요. 우리 아이는 발표력이 부족한데, 저 학원에 보내면 좋아질까요?"

'우리 아이는 어느 학원을 보낼까?'

사교육비가 한 해 무려 20조 원, 가구당 사교육비는 월 17만 7천 원, 고소득층의 사교육비는 최소 5배 이상. 사교육을 받지 않는 아이들이 거의 없는 우리의 현실을 대변해주는 수치이다. 가구당 소득에서 사교육비가 차지하는 비중이 과한 것은 사실이다. 또한 너무 많은 아이들이 사교육에 의존하고 있는 것도 부인할 수 없다.

그럼에도 불구하고 사교육은 필요하다. 공교육의 한계 때문이다. 학교에서는 표준화된 한 종의 교과서만이 모든 아이들을 기다리고 있다. 수준별 학습이나 영역별 학습이 이루어지는 학교가 그리 많지 않다. 또한 수준별·영역별 학습을 했더라도 충분한 이해가 되지 않은 아이, 주어진 학습 내용을 금방 이해해버린 아이들을 위한 보충 관리 시스템이 부족하다. 자녀의 부족한 부분을 보완하기 위해, 특출난 능력을 키워주기 위해, 학부모가 선택할 수 있는 곳이 학원이다. 거리가 가까우면서도 자녀에게 맞는 학원이 있다면, 학부모는 기꺼이 그곳을 선택할 것이다.

혹자는 학원을 보내는 것이 능사는 아니다, 스스로 학습할 수 있도록 도와주는 것이 낫다고 말할지도 모르겠다. 그것도 일리 있는 말이다. 학원 선생님보다 학부모가 전문가라면 학원을 보낼 필요가 없다. 또 아이가 스스로 학습할 수 있다면야 무슨 걱정이 있겠는가. 하지만 아이가 스스로 학습하려는 노력을 기울인다고 하더라도, 아이들은 아직 어리기 때문에 학습방법, 문제해결 등을 위해 누군가의 도움을 절실히 필요로 한다.

학부모들은 이제 자녀에게 맞는 학원을 선택하는 눈을 가져야 한다. '그 학원 좋다'는 이웃집 아줌마의 말만 듣고, 우리 자녀를 그 학원에 보내는 어리석은 판단은 금물이다. 그 학원의 교수 방법, 커리큘럼, 평가 방법, 관리 시스템 등을 면밀히 따져, 현재 우리 아이의 수준, 성향과 맞는 곳인지를 판단해야 한다.

이 책이 바로 학부모들의 합리적인 판단을 위한 기준이 될 것이다. 현명한 판단을 위한 수학 교육의 방향이나 내용 체계, 교수 방법이 제시되어 있기 때문이다. 이 책을 통해 학부모들이 가정에서는 훌륭한 교사로, 가정 밖에서는 현명한 교육 컨설턴트로서 역량을 발휘할 수 있기를 바란다.

 당신의 자녀는 어디에 해당할까요?

선생님: 45와 54 중 어느 것이 더 클까요?
서윤: 54요.
선생님: 왜 그렇게 생각하니?
서윤: 더 크니까요. (또는) 그냥이요.

선생님: "45와 54 중 어느 것이 더 클까요?"
서영: 54요.
선생님: 왜 그렇게 생각하니?
서영: 하나씩 묶어놓았을 때, 54가 더 많이 남으니까요 (또는) 수직선에 그렸을 때 54가 1로부터 훨씬 멀리 떨어져 있으니까요. (또는) 54가 45보다 십의 자리가 더 크니까요.

서윤이가 서영이의 대답을 듣는다면, "누가 그걸 모르니?"라고 반문할 수도 있을 것이다. 그러나 이유를 분명히 설명할 수 없는 서윤이는 알고 있다고 느꼈을 뿐이다. 제대로 알고 있다면, 자신이 아는 사실을 논리적으로 설명할 수 있어야 한다. 지금 당신의 자녀는 어떤 모습인지 다시 한 번 생각해 보길 바란다.

Part 2.

18가지 개념으로 끝내는 초등수학

숫자를 가지고 놀게 하라
1장
자연수와 연산 교과 과정

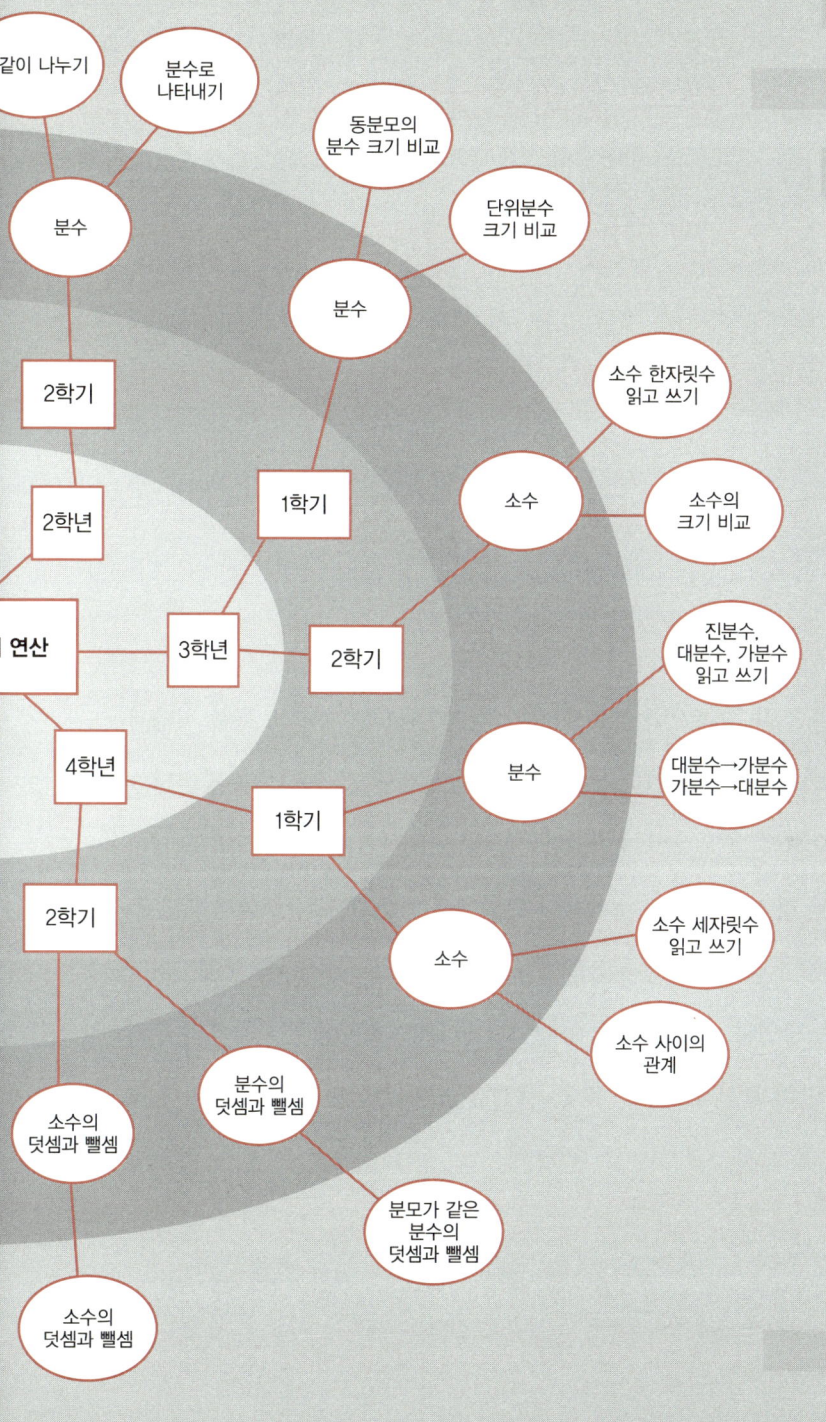

개념 01

수를 쪼개고 합쳐라
자연수의 덧셈과 뺄셈

    1, 2학년 수학 교과서의 60% 이상이 수와 연산 영역이다. 특히 덧셈과 뺄셈은 1학년이 되기 훨씬 전부터 열심히 공부했던 분야이므로 별 부담감이 없다. 오히려 너무 쉬워 재미없다는 반응을 보이기도 한다. 그러다가 '너무 쉽다, 별 것 아니다'라고 생각했던 단원에서 한두 문제씩 틀리게 되면 고민이 시작된다. 그 쉬운 문제를 틀렸다는 이유만으로 엄마는 황당해하거나 화를 내고, 당연히 아이는 수학이 싫어지게 된다. 하지만 부모들부터 수와 숫자를 만만히 보면 안 된다. '수'는 똑같은 숫자라 하더라도 그 의미가 다르다. 다음을 보자.

> 철수는 학교에 가기 전, 친구들에게 사과를 나눠주기 위해서 3개씩 2봉지에 담았다. 그리고 혹시 몰라 2개를 더 챙겼다. 철수가 학교에 가지고 간 사과는

> 모두 몇 개입니까?

이 문제를 식으로 나타내면 3×2+2이다. 이때, 같은 숫자 2는 전혀 다른 의미를 지니고 있다. 앞의 2가 2봉지(묶음)를 의미한다면, 뒤의 2는 사과의 개수를 의미한다. '곱셈과 덧셈이 있는 식에서 왜 곱셈을 먼저 해야 하는가?'에 대한 답도, 숫자가 갖고 있는 의미를 정확하게 알고 있다면 쉽게 얻을 수 있을 것이다. 사과의 개수를 구하기 위해서는 3개씩 2봉지인 3×2와 낱개 2개를 더해야 한다. 즉 3×2까지 계산해야만 사과의 개수를 얻을 수 있는 것이다.

숫자가 나타내는 수의 의미를 묻는 질문에는 다음과 같은 것들이 또 있다. 4학년 〈큰 수〉 단원에서 많이 등장하는 문제 중 하나이다.

> 다음의 수에서 십억의 자리 숫자가 나타내는 수는 만의 자리 숫자가 나타내는 수의 몇 배입니까?
>
> 862355710087

문제에서 사용되고 있는 말의 의미를 생각해보라. 많은 학생들이 문제에 나타나 있는 말의 뜻조차 이해하지 못한다. 자리값을 뜻하는 '십억의 자리 숫자', '만의 자리 숫자'는 간신히 찾을 수 있다 하더라도, '십억의 자리 숫자가 나타내는 수'는 또 무슨 말인지 당황할 수밖에 없다. '숫자'와 '수'라는 낱말이 동시에 등장한 것도 그렇고, '나타내는'이라는 낱말도 그렇다. 1, 2학년에서 수에 대한 공부를 할 때에는 숫자를 통해 다양한 수의 의미를 따지는 연습이 필요하다. 수의 분해나 결합(가르기, 모으기)을 자유자재로 할 수 있기 위해서도 말이다.

수의 분해나 결합은 연산능력을 키우기 위해서도 중요하지만, 뇌의 활성화를 통해 지능을 높이는 데에도 기여한다. 그동안 우리는 연산은 곧 필산이라고 생각해왔다. 그래서 사칙연산을 할 때에는 연습장이나 계산노트를 이용하여 세로셈법을 주로 사용했다. 앞으로는 세로셈법과 더불어 머리셈에 대해 깊은 관심을 가질 필요가 있다. 이 셈법은 수의 분해와 결합을 자유자재로 구사할 수 있도록 도와주기 때문에, 덧셈과 뺄셈, 곱셈까지 필산을 하지 않고도 정답을 얻을 수 있다. 10 이상의 수의 덧셈과 뺄셈, 특히 받아올림이나 받아내림이 있는 계산을 할 때부터 머리셈을 활용해보는 것이 좋다.

다음을 통해 좀 더 자세하게 살펴보자.

A: 12+29=   B: 31-18=   C: 24×5=

위의 문제들을 던져주었을 때, 세로셈으로 바꾸어 계산을 하는 경우를 많이 보았을 것이다. 기계적으로 계산하기만 하면 되기 때문에, 굳이 생각을 해보거나 다른 방법에 대해 관심을 둘 이유가 없다. 습관적으로 해오던 것이므로 편하게 느끼는 것이다.

하지만 이제부터는 머릿속으로 연습해보자. A부터 시작해보자.

① 12는 10보다 2가 크다 → 10을 먼저 더해주고, 나중에 2를 더하자.

② 29는 30보다 1이 작다 → 30을 먼저 더해주고, 나중에 1을 빼자.

③ 10+30은 40이고, 거기에다 2를 더한 후 1을 빼면 41이 된다.

머리셈을 하려면 ①부터 ③까지의 일련의 과정을 머릿속에서 정리하는 훈련을 해야 한다. 12를 10과 2로 분해할 수 있어야 하고, 29는 보이지 않는 30보다 1이 작은 수로 인식할 수 있어야만 위와 같은 셈법을 할 수 있다. B의 과정도 마찬가지다. C는 (몇십 몇)×(몇)에 해당하는 문제지만 위와 같은 훈련이 되어 있다면 (몇십 몇)×(몇십 몇)도 쉽게 처리할 수 있을 것이다. 일단 머릿속으로 시도해보자.

① 24는 20과 4로 구성되어 있다

② 20과 5를 곱하고, 4와 5를 곱하자.

③ 20×5는 100이고, 4×5는 20이므로, 120이다.

여기에서 중요한 것은 24를 20과 4로 분해하는 시도를 해야 한다는 점이다. 만약 29×5를 계산할 때에는 29를 30으로 생각할 수 있어야 한다. 그래야 30×5를 먼저 계산한 후, 1×5만큼을 빼줄 수 있을 것이다.

 **엄마와 함께 풀어보아요!**

1, 2학년은 수를 쪼개고 모으는 활동을 중심으로 하고, 3, 4학년은 문제 상황을 식으로 나타낸 뒤 식에 맞는 문제 상황을 상상하는 데에 중점을 둔다.

[문제 1] 2학년 1학기 2단원 – 덧셈과 뺄셈

1부터 9까지의 수 중에서 □ 안에 들어갈 수 있는 가장 큰 수를 쓰시오.

28 + □ < 31

위와 같은 문제들을 아이들이 쉽게 받아들이지 못하는 이유는 '<(부등호)' 때문이다. 만약 '<' 대신 '=(등호)'가 있다면 즉, 28+□=31에서 □를 쉽게 구할 수 있을 것이다. 그래서 많은 문제집에서는 '<'를 '='로 가정하여 해결하도록 유도하고 있다.

또 한 가지 방법은 31을 30이라고 가정하는 것이다. 그러면 □안에 들어갈 수가 금방 눈에 들어올 것이다. 31을 30과 1로 분해하게 되면 문제의 구조가 단순해지기 때문이다. 이 두 가지 지도 방법을 설명해본다.

▶ **방법 1 : 부등호를 등호로 가정하여**

A 주어진 식을 < 대신에 =로 나타내보자.

B 28+□=31이요.

A 그때, □에는 어떤 수가 들어가겠니?

B 3이요.

A 좋아. 그런데 □가 3이면 31과 같아지게 되잖아?

B □에는 3보다 작은 수가 들어가야 해요. 그러니깐 2예요.

▶ **방법 2 : 31을 30이라고 가정하여**

A 31을 30으로 가정해보자. 그러면 □ 안에 어떤 수가 들어갈까?

B 1이요.

A 그렇지. 그런데 실제로는 30이 아니라 30보다 1 큰 수인 31이었지? □ 안에 들어갈 수는 어떻게 될까?

B 1만큼이 더 커져야 해요. 그래서 2예요.

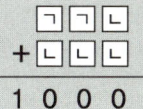

문제가 '가장 큰 수'만을 찾으라고 하는 경우도 있지만, '□안에 들어갈 수 있는 수를 모두 쓰시오'라고 하는 경우도 있다. 두 경우 모두 지도 방법은 동일하다.

[문제 2] 3학년 1학기 2단원 – 덧셈과 뺄셈

세자릿수 ㄱㄱㄴ과 ㄴㄴㄴ의 합이 1000일 때, ㄱ과 ㄴ을 각각 구 하시오.

```
   ㄱ ㄱ ㄴ
 + ㄴ ㄴ ㄴ
 ─────────
   1 0 0 0
```

시행착오를 통한 논리적인 사고력을 요구하고 있는 문제이다. 몇 번의 실수를 통해 의미 있는 법칙을 발견하길 원하는 것이다. 그럼에도 불구하고 수의 분해를 이해하고 적용하는 능력이 있는 아이라면, 굳이 시행착오를 거칠 필요가 없는 문제이다.

이러한 문제를 지도할 때에는 우선 시행착오를 통한 접근을 하고, 또 다른 방법찾기를 통해 수의 분해를 통한 이해를 도와주면 좋을 것이다.

A ㄴ에는 어떤 수가 들어갈까?

B 5요.

A 왜 그렇게 생각하니?

B 일의 자리를 보니까요, 똑같은 수 두 번을 더해서 일의 자리에 0이 나올 수 있는 수는 5밖에 없어요.

A 아주 훌륭한 생각이다. 그러면 다음과 같이 정리할 수 있겠지?

```
  ㄱ ㄱ 5
+ 5 5 5
─────────
  1 0 0 0
```

ㄱ에 들어갈 수는 1이라고 할 수 있을까?

B 아니요. ㄱ이 1이라면 십의 자리에 0이 나올 수 없어요.

A 그러면 ㄱ에 들어갈 수는 뭐라고 생각하니?

B 4요. 그래야 십의 자리가 0이 되고, 백의 자리에 1만큼이 받아올림되어 1000이 되요.

A 잘했다!

위와 같은 문제를 논리적으로 해결할 수 있다면 다음과 같은 유형의 문제들도 매우 쉽게 해결할 수 있을 것이다.

| 비슷한 유형의 문제 |

```
   □ 8 2         6 □ 5
 -  4 □ □      - 1 3 □
   ─────        ─────
     4 8 5      □ 7 6
```

[문제 3] 4학년 1학기 5단원 – 혼합계산

□안에 알맞은 수를 써 넣으시오.

51−(□+3×8−36)=45

상당수의 아이들이 위와 같은 문제해결을 어려워한다. ( ) 안을 먼저 계산하고, 곱셈과 나눗셈을 한 후, 맨 마지막으로 덧셈과 뺄셈을 순서대로 계산해야 한다는 것만 알고 있는 아이들은 위의 문제를 절대로 해결할 수 없다. 즉, 수학 지식을 그대로 따라 하기보단, 수의 의미를 이해하고 위의 식을 재구성할 '거꾸로 풀기 전략'을 갖고 있어야 문제해결이 가능하다.

A 문제 중에 절대 뗄 수 없는 수는 어떤 수와 어떤 수일까?
B 3×8이요.

> 한 묶음이라는 것을 2학년 〈곱셈〉 단원에서 공부했다.

A 그러면 3×8 대신 24를 넣어 위의 식을 다시 정

리해볼까?

B 51-(□+24-36)=45라고 정리할 수 있어요.

A 여기서 생각을 잘해야 해. 이제 무엇을 해야 하지?

B ( ) 안에 있는 수들을 계산해야 해요.

A 그렇지. 그런데 ( ) 안에 □가 있어서 계산할 수가 없구나. 어떻게 해야 할까?

B …….

A ( ) 안에 있는 수들, 즉 □+24-36을 계산하면 어떤 수가 나올 거야. 그렇지?

B 예.

A 그러면 그 어떤 수를 알았다면 그 다음에 해야 할 일은 뭘까?

B 51에서 45를 빼면 어떤 수가 나와요. 어떤 수는 바로 6이에요.

A 조금 전에, 뭘 계산해야 어떤 수가 나온다고 했지?

B □+24-36이요.

A 그럼 □+24-36=6이라는 얘기겠네?

B 예. □=6+36-24가 되니까 □=18이에요.

> 이 문제는 '( ) 안에 있는 식을 먼저 계산한다'를 '( ) 안에 있는 식을 계산하면 어떤 수가 된다'라는 생각을 가져야만 쉽게 해결할 수 있다. 그러기 위해서는 '가정하기'라는 논리적인 연습이 필요하다.

외워라, 바꾸기 위하여
곱셈과 나눗셈, 분수와 소수의 변환

계산 속도가 빠르다는 것은 분명 장점이다. 현실적으로 평가 시간은 한정되어 있고, 그 시간 내에 주어진 문제를 해결하기 위해서는 계산을 정확하고 빠르게 해야 한다. 5학년 이상이 배우고 있는 소수나 분수의 곱셈과 나눗셈의 경우에는 개념이나 원리를 이해했다 하더라도, 계산 과정의 실수 때문에 틀리는 경우가 허다하다. 물론 이런 현상은 학년이 올라갈수록 더욱 심해진다. 6학년에 등장하는 다음 문제의 식을 보자.

오른쪽 원기둥을 5바퀴 굴렸더니 움직인 거리가 157cm였습니다. 이 원기둥의 겉넓이를 구하시오.

반지름=157÷5÷3.14÷2=5(cm)

그러므로

겉넓이=5×5×3.14×2+5×2×3.14×18=722.2(cm²)

계산 과정이 복잡하면, 정교성이 떨어지는 아이들은 실수할 가능성이 그만큼 높아진다. 무엇보다 안타까운 것은 계산 속도는 느린데 시간은 얼마 남지 않아, 다급하게 서두르다 실수하는 경우가 참으로 많다는 점이다. 덧셈이나 뺄셈은 계산이 조금 느려도 크게 문제될 것이 없다. 거의 대부분의 단원에서 직·간접적으로 다루어지고 있어서 자연스럽게 반복적으로 훈련할 수 있고, 어느 정도의 연습량만 있으면 거의 대부분의 아이들이 일정 수준의 속도를 낼 수 있다. 그러나 곱셈이나 나눗셈은 다르다. 사칙연산 중에서 가장 오랜 시간이 걸리고 어려워하는 분야가 나눗셈이다. 나눗셈에는 등분제와 포함제 등의 보이지 않은 개념들이 숨겨져 있기 때문이기도 하지만, 기본적으로 곱셈이 제대로 되지 않기 때문에 더욱 힘들어하는 것이다.

특히 우리가 관심을 가져야 할 것은 곱셈과 나눗셈을 배우고 익혀야 할 2학년과 3학년 시기에 그것들을 충분히 이해하지 못했거나, 계산 속도가 너무 느린 아이들의 수학 실력이 고학년이 되어서도 크게 달라지지 않는다는 점이다. 초등수학은 기초 연산의 연마가 목표이기 때문에 6학년을 마무리하는 순간까지 계산, 계산, 계산을 할 수밖에 없는데, 어떤 경우이든 곱셈이나 나눗셈이 빠지지 않는다.

결국 초등수학을 훌륭하게 마무리하기 위해서 반드시 갖추어야 할 전제 조건이 곱셈과 나눗셈을 정복하는 일이다. 우선 구구단을 완벽하게 외우게 하라. 이것만큼은 기계적일수록 좋다. 2단부터 순차적으로 외울 줄 아는 것은 외웠다고 볼 수 없다.

> 구구단을 임의로 물었을 때 답이 자동적으로 입 밖으로 튀어나와야 비로소 외웠다고 할 수 있다. 2×3, 7×9, 6×4, 8×6… 하고 물으면 곧바로 6, 63, 24, 48… 이라는 수들이 공기 중으로 출력되어야 진정으로 외웠다고 할 수 있다.

기계적으로 자동 반응해야 할 것이 하나 더 있다. 분수와 소수의 변환이다. 분수와 소수는 한 몸과 같다. 겉모습만 달리하고 있을 뿐이다. 그것이 분수의 모습을 하고 있든, 소수의 모습을 하고 있든 간에 분수는 소수로, 소수는 분수로 변신시킬 수 있어야 한다. 그것도 정확하면서 빠르게.

분수와 소수의 변환은 4학년 이상부터 거의 모든 단원에서 활용되고 있다. 그런데 분수는 소수로, 소수는 분수로 고치는 일이 정답과 곧바로 직결되어 있기보다는 주변 요소인 경우가 많다. 다음의 경우처럼 직사각형의 넓이를 구하기 위해서 정작 알아야 하는 것은 「가로×세로」이지만 소수와 분수의 변환을 하는 데 어려움이 있거나 계산속도가 느리다면 문제가 생길 것은 뻔하다.

다음 직사각형의 넓이를 구하시오.
(또는, 가로와 세로의 차이는 얼마인지 구하시오.)
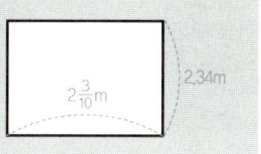

문제해결을 위해 올바른 전략이나 방법을 찾는 일이 당연히 중요하다. 그렇기 때문에 주변적인 요소들은 빠르고 정확하게 처리할 필요가 있는 것이다. 분수와 소수의 변환에 있어, 다음과 같은 정도는 자동 반응할 수 있도록 외워두자.

⊙ $\frac{1}{10}=0.1$, $\frac{2}{10}\cdots\frac{9}{10}=0.2\cdots0.9$

⊙ $\frac{1}{100}=0.01$, $\frac{2}{100}\cdots\frac{99}{100}=0.01\cdots0.99$

특히 $\frac{10}{100}, \frac{20}{100}$…처럼 분자가 10의 배수인 분수는 $\frac{1}{10}, \frac{2}{10}$…와 같고, 이것은 0.1, 0.2…와 같다는 것을 정확하게 이해하고 있어야 한다.

⊙ $\frac{1}{1000}=0.001, \frac{2}{1000}…\frac{999}{1000}=0.002…0.999$

특히 $\frac{10}{1000}, \frac{20}{1000}$…처럼 분자가 10의 배수이면서 100보다 작은 분수는 $\frac{1}{100}, \frac{2}{100}$…와 같고, 이것은 0.01, 0.02…와 같다. 또한 $\frac{100}{1000}, \frac{200}{1000}$…처럼 분자가 10의 배수이면서 100 이상인 분수는 $\frac{1}{10}, \frac{2}{10}$…와 같고, 이것은 0.1, 0.2…와 같다는 것을 정확하게 이해하고 있어야 한다.

대부분의 아이들은 분수를 소수로 고치는 것을 좀 더 쉽게 하는 편이다. 5학년 〈배수와 약수〉, 〈약분과 통분〉 단원에서 분수의 약분을 다루는 기회를 갖게 된 것도 그런 이유 중의 하나이다. 그래서 소수를 분수로 고치는 훈련을 더 많이 해야 할 것이다. 다음과 같이, 소수는 하나 밖에 없지만 분수로는 다양한 변신이 가능한 경우에는 더욱 신경을 곤두세우면서 할 필요가 있다.

$$0.1 = \frac{1}{10} = \frac{10}{100} = \frac{100}{1000} …$$

곱셈구구를 완벽하게 외우고, 기본적인 분수와 소수의 변환을 자연스럽게 할 수 있다면, 수의 분해를 통해 곱셈을 빠르게 할 수 있는 방법을 도입해볼 필요도 있을 것이다. 이러한 방법에 익숙해진다면 분수와 소수의 변환뿐만 아니라, 4학년 이상의 교과서에 등장하는 분수나 소수 관련 단원에서 유용하게 활용할 수도 있다. 3학년 이상이라면 충분히 접근 가능한 방법이다.

우선, 우리가 곱하고자 하는 수 중 하나가 10, 100, 1000…이라면 금방 계산할 수 있을 것이다. 그러므로 수의 분해를 통해 10, 100, 1000…을 만들어본다. 예를 들면 다음과 같다. 2×15에 15를 5×3으로 분해하여 2×5×3으로 나타낸다면 10×3이 될 것이고, 30이라는 답을 금방 얻을 수 있다. 25×14도 똑같은 방법으로 해보자. 분해할 때에는 10, 100, 1000…이라는 수를 만들 수 있도록 해야 한다. 그렇기 때문에 2와 5가 동시에 있어야 한다. 25를 5×5로 분해한다. 14도 2×7로 분해한다. 그러면 25×14=5×2×5×7로 나타낼 수 있기 때문에 350이라는 답을 금방 얻을 수 있다.

엄마와 함께 풀어보아요!

2학년을 마칠 때까지 곱셈구구를 완벽하게 외우게 해야 한다. 4학년을 마칠 때까지 분수, 소수와 관련된 단원만 별도로 뽑아 다시 한 번 체계적으로 정리해준다.

[문제 1] 2학년 1학기 8단원 – 곱셈

딱지를 한 봉지에 3개씩 8봉지에 넣었습니다. 이 딱지를 한 봉지에 4개씩 넣는다면, 몇 봉지가 되겠습니까?

똑같은 개수만큼 묶는 활동을 통해 곱셈의 기초를 튼튼하게 했다면 큰 어려움이 없는 문제인데, 많은 아이들이 '4개씩 넣는', '8명씩 세우는' 등의 구체적인 활동을 하려는 여유를 갖지 못한 것이 큰 걸림돌이다.

이 문제를 해결하기 위해서는 먼저 알아야 할 것이 있다. 바로 전체 딱지의 개수이다. 이 전체를 구하기까지의 과정이 2학년 수준의 기본적인 문제이다. 그런 다음, 전체에서 4개씩 묶어보는 활동(나눗셈의 원리를 배우지 않은 시기)을 통해 모두 몇 묶음이 되는지 알아보도록 유도해야 한다.

A 구하려고 하는 것은 뭐니?
B 딱지를 나누어 넣었을 때 봉지의 개수요.
A 그럼, 봉지의 개수를 알기 위해서 먼저 뭘 알고 있어야 할까?
B 딱지의 수요.

> 이런 종류의 문제를 전혀 이해하지 못한다면, 아이가 알지 못하게 딱지 또는 바둑돌을 3개씩 8봉지에 담아 놓고, 이런 대화 과정을 거치는 것이 좋다.

A 딱지가 몇 개인지 어떻게 알 수 있을까?

B 3을 8번 더해요(또는 3에다 8을 곱해요). 그래서 모두 24개예요.

A 딱지의 수를 알았으니, 그 다음에 해야 할 일은 뭐지?

B 24개를 4개씩 봉지에 담는 일이에요.

A 몇 봉지에 담아야 하는지 알려면 어떻게 하면 좋으니?

B 한 봉지에 4개씩 담아보면 되요… 그러면 6봉지예요.

> 24개의 모양을 그려놓고, 4개씩 묶는 활동을 할 수도 있다. 곱셈구구를 이미 알고 있는 아이라면 4개씩 몇 묶음이 있어야 24가 될 수 있는지를 따지는 것도 좋다.

| 비슷한 유형의 문제 |

운동장에 남학생이 6명씩 5줄, 여학생이 4명씩 6줄로 서
있습니다. 이 모든 학생을 8명씩 세운다면 모두 몇 줄이 되겠습니까?

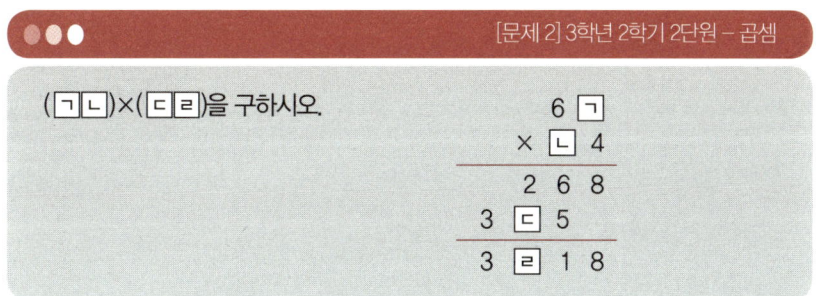

[문제 2] 3학년 2학기 2단원 – 곱셈

(ㄱㄴ)×(ㄷㄹ)을 구하시오.

```
      6 ㄱ
  ×   ㄴ 4
  ─────────
      2 6 8
  3 ㄷ 5
  ─────────
  3 ㄹ 1 8
```

위와 같은 문제를 다루는 시기가 3학년, 그것도 2학기이다. 이때쯤 되면 앞서 말한 대로 곱셈구구를 완벽하게 외우고 있어야 한다. 만약 아직도 더하는 과정을 머릿속으로 생각하면서 곱셈구구를 따지고 있다면 위와 같은 문제, 즉 「두자릿수×두자릿수」를 해결하는 데에 많은 시간을 소비할 뿐만

아니라, 일단 자신감이 없기 때문에 해결 가능성이 거의 희박하다. 어떤 문제든 문제에 대한 분석을 해야 하고, 잠깐이나마 해결 방법을 생각해본 후에 문제에 연필을 대는 것이 좋다. 일부 아이들은 문제를 보면 일단 연필부터 들이댄다. 적절한 해결 방법을 갖고 있지도 않으면서 말이다.

위의 문제는 차근차근 논리적인 접근을 해야 하고, 곱셈 결과의 일의 자리에서 단서를 발견하도록 유도한다. 또한 268, 3ㄷ5, 3ㄹ18이 어떤 과정을 거쳐 생겨난 수인지를 따지는 것도 놓쳐서는 안 되는 대목이다.

A 268이 어떻게 해서 나온 수일까?

B 6ㄱ×4를 해서요.

A 좋아. 그렇다면 ㄱ×4는 얼마일까?

B 알 수는 없지만 일의 자리에 8이 와야 해요. 2×4=8, 7×4=28이니까, ㄱ에는 2나 7이 들어갈 수 있어요.

A 네 생각에는 ㄱ에 들어갈 수는 둘 중의 어떤 수겠니?

> 만약 이런 대답을 하지 못한다면 수의 분해를 통해 준비 학습을 해야 한다. 예를 들면 63×7은 60×7과 3×7을 한 후 서로 더하는 활동.

B 7이에요. ㄱ이 7이어야, 67×4=268이 되요.

A 잘했다. 이번에 해야 할 일은 뭘까?

B 67×ㄴ=3ㄷ5가 되도록 ㄴ과 ㄷ을 찾는 일이에요.

A ㄴ과 ㄷ을 어떻게 알 수 있는지 설명해줄래?

B 7×ㄴ을 했을 때, 일의 자리에 5가 나와야 하는데, 7단에서 그런 수는 5뿐이에요. 이제 ㄷ을 찾을게요. 67×5=335이니까, ㄷ은 3이에요.

A 정말 훌륭한 설명이다.

[문제 3] 5학년 1학기 4단원 – 분수의 곱셈

한 시간에 $2\frac{2}{5}$를 걷는다면, 같은 속도로 3시간 20분 동안에는 몇 km를 걸을 수 있을까요?

〈분수의 곱셈〉 단원은 5학년들이 가장 쉽게 하는 단원 중의 하나이다. 물론 〈배수와 약수〉, 〈통분과 약분〉 단원을 제대로 이해했다면 말이다. 어쨌든 이런 유형의 문제에서 아이들이 어려워하는 부분은 '3시간 20분'이다. 만약 3시간 동안 걸었다고 한다면 $2\frac{2}{5} \times 3$이라는 식을 세울 수 있을 텐데, '3시간 20분'을 분수로 나타내기가 쉽지 않은 것이다.

만약 문제가 '3시간 20분'이 아니라 '3시간 15분' 동안 걸은 거리를 구하라고 한다면, 계산은 더욱 복잡해진다. 20분을 시간으로 고치는 과정(20분 $= \frac{20}{60}$시간$= \frac{1}{3}$시간)보다 15분을 시간으로 고치는 과정(15분$= \frac{15}{60}$시간$= \frac{1}{4}$시간)이 더욱 어렵기 때문이다.

A 이 문제를 어떻게 해결하면 좋을까?

B 먼저 3시간 동안 걸은 거리를 $2\frac{2}{5} \times 3$을 해서 구하고, 20분 동안 걸은 거리를 따로 구해서 더하면 되요.

A 좋아. 그런데 1분 동안 걸은 거리나 10분 동안 걸은 거리를 알고 있다면, 20분 동안 걸은 거리를 금방 구할 수 있겠지만, 이 경우에는 시간이 많이 걸릴 것 같지? 좀 더 쉬운 방법을 생각해보자.

B …….

A 20분을 시간으로 고쳐보자. 10분은 1시간을 6으로 나눈 것 중의 하나니까 $\frac{1}{6}$시간이라고 할 수 있단다. 그러면 20분은 1시간을 6으로 나눈 것 중의 둘이니까 $\frac{2}{6}$시간, 또는 $\frac{1}{3}$시간이라고 할 수 있지. 그래서 3시간 20분은 $3\frac{1}{3}$시간이라고 할 수 있단다.

B 그러면 계산이 간단해지네요. $2\frac{2}{5} \times 3\frac{1}{3}$만 계산하면 되니까요.

| 특별 문제 |

우유통에 우유가 $\frac{4}{5}$L가 들어 있습니다. 그 중의 $\frac{1}{4}$을 마셨다면, 마신 우유는 몇 L가 되겠습니까?

> 이 문제에서, 어떤 아이들은 $\frac{4}{5} - \frac{1}{4}$이라는 식을 세워 답을 구하는 경우가 많다. $\frac{4}{5}$는 절대량을, $\frac{1}{4}$은 전체에서 차지하는 정도를 나타내고 있는데도, 이와 같은 식을 세우는 오류를 범하고 있다. $\frac{1}{4}$L와 $\frac{1}{4}$은 전혀 다른 개념이다. 절대 잊어서는 안 된다.

[문제 4] 4학년 1학기 7단원 – 소수

( ) 안에 들어갈 수 있는 자연수는 모두 몇 개입니까?

$$1.1 < \frac{(\ )}{100} < 1.99$$

이 문제는 그야말로 분수와 소수의 변환을 자유자재로 해야만 해결할 수 있다. 즉 1.1을 1.10이라고 생각해야 할 뿐만 아니라 $\frac{110}{100}$과도 같다는 것을 금방 판단해야 한다. 당연히 1.99도 $\frac{199}{100}$로 고쳐 생각해야 한다.

A 크기를 비교하기 위해서 우선 해야 할 일은 뭘까?

B 소수를 분수로 고쳐야 해요.

> 구하고자 하는 것이 분수에 있기 때문에 소수를 분수로 고치는 것이 좋다.

A 그렇다면 위의 문제를 분수로 다시 정리해보자.

B $\frac{110}{100} < \frac{()}{100} < \frac{199}{100}$ 예요.

> 가분수로 나타내지 않고 대분수로 나타낸다 하더라도 큰 문제는 없지만, 눈에 금방 드러나지 않기 때문에 비교하기가 불편하다. 일단 대분수로 나타내서 비교하려고 한다면, 그렇게 하도록 한 후 지금의 방법을 써보도록 한다.

A 이제 모두 몇 개인지 생각해보자.

B ( ) 안에 들어갈 수는 111~198까지 이니까… (198−111)+1=88개예요.

> 198과 111도 포함되어야 한다는 점을 잊어서는 안 된다. 위와 같은 개수 세기 방법도 꾸준히 익혀두는 것이 좋다.

| 비슷한 유형의 문제 |

다음 수를 큰 수부터 차례대로 쓰시오.

$4\frac{6}{100}$ 4.1 $3\frac{857}{1000}$ 3.902 $4\frac{15}{1000}$

'똑같이' 나누지 않으면 반칙이다
자연수, 분수, 소수의 나눗셈

나눗셈은 수와 연산 영역 중에서 가르치기 힘든 분야이다. 그래서인지 대부분은 나눗셈의 요령, 즉 세로셈식을 통해 몫을 구하는 방법에만 치우치는 경우가 많다. 나눗셈은 결국 몫을 구하기만 하면 된다는 생각 때문일 것이다. 그러나 이런 방식으로만 나눗셈을 지도하다 보면 다음과 같은 문제 상황에서 혼란을 겪게 된다.

> 한 의자에 8명씩 앉을 수 있는 긴 의자가 있습니다. 70명의 학생이 모두 앉으려면 긴 의자는 최소한 몇 개가 필요합니까?

이런 문제가 나오면 '나누라'는 말이 없기 때문에 나눗셈을 이용해야 한다는 생각을 갖지 못하는 아이들이 태반이다. 만약 나눗셈을 이용해야 한다고 생각했더라도, 대부분의 아이들은 70÷8이라고는 해놓고, 정작 묻고 있는 답을 찾지 못한다. 왜 그럴까? 문제를 이해하지 못하기 때문이다.

나눗셈을 공부하면서 단순히 나눗셈법을 알았다거나 문제집에 나오는 '핵심내용정리'만을 알았다고만 한다면, 다음과 같은 문제에서 대부분의 아이들은 8이라고 답할 것이다. 9개의 의자가 필요한데도 말이다.

$$70 \div 8 = 8 \cdots 6$$

70	8	8	6
↓	↓	↓	↓
전체 학생 수	한 의자에 앉을 수 있는 학생 수	64명이 앉을 수 있는 의자 수	앉지 못한 학생 수

> 그래서 나눗셈이 갖고 있는 의미를 정확하게 이해할 수 있는 지도가 필요하다. 나눗셈은 포함제(똑같이 묶어 덜어내기)와 등분제(똑같이 나누기)의 의미를 함축하고 있다.

포함제와 등분제가 드러나 있는 문제를 보자.

| 포함제 문제 | 사과가 15개 있습니다. 사과를 한 접시에 3개씩 놓으려고 합니다. 접시는 모두 몇 개가 필요합니까?

| 등분제 문제 | 사과 15개를 3명이 똑같이 나누어 가지려고 합니다. 한 명이 사과 몇 개씩 가질 수 있습니까?

포함제 문제에서, 갖고 있는 사과 15개를 3개씩 덜어내어 0이 되도록 해야 한다. 즉, 15-3-3-3-3-3=0이다. 포함제 나눗셈은 위와 같이 최초에 주어져 있는 전체로부터 똑같은 양만큼을 더 이상 덜어낼 수 없을 때까지 계속 덜어내고, 덜어낸 묶음 수만큼이 몫이 된다. 15÷3=5에서, 몫인 5는 3만큼씩

의 묶음 수를 의미한다. 등분제 나눗셈은, 우리가 일반적으로 생각하는 나눗셈이다. 이를 그림으로 나타내면 훨씬 이해가 빠를 것이다. 주어진 문제 상황을 그림과 같은 방식과 연관 지어 생각할 수 있도록 한다면, 수의 의미 파악은 물론이고 나눗셈의 알고리즘을 쉽게 받아들일 수 있을 것이다.

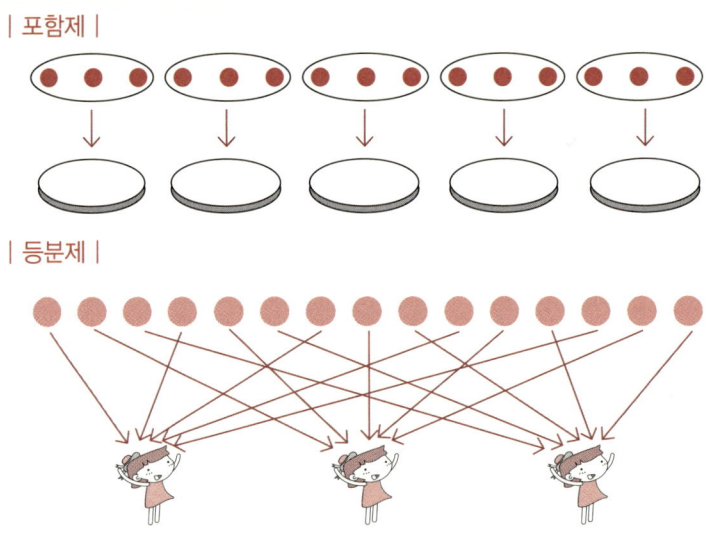

분수의 나눗셈도 포함제와 등분제가 함축되어 있다. 대부분은 분수의 나눗셈을 가르칠 때 '나누는 수 대신에 역수를 곱하면 된다'고 지도한다. 왜 역수를 곱해야 되는지를 묻는다면 어떻게 할 것인가. 또 $\frac{3}{4} \div \frac{1}{8}$은 도대체 무슨 뜻인가를 묻는다면 어떻게 대답할 것인가. $\frac{3}{4} \div 2$와 같이 「분수÷자연수」의 경우는 '어떤 것의 $\frac{3}{4}$만큼이 있는데, 그것을 둘로 나누라는 얘기구나'와 같이 대충의 의미를 파악할 수 있겠지만, $\frac{3}{4} \div \frac{1}{8}$와 같이 「분수÷분수」의 경우에는 종잡을 수 없다.

정리해보면, $\frac{3}{4} \div 2$는 등분제 나눗셈, $\frac{3}{4} \div \frac{1}{8}$는 포함제 나눗셈식을 가진다. 이를 다음과 같이 말로 나타내보면 쉽게 이해할 수 있을 것이다.

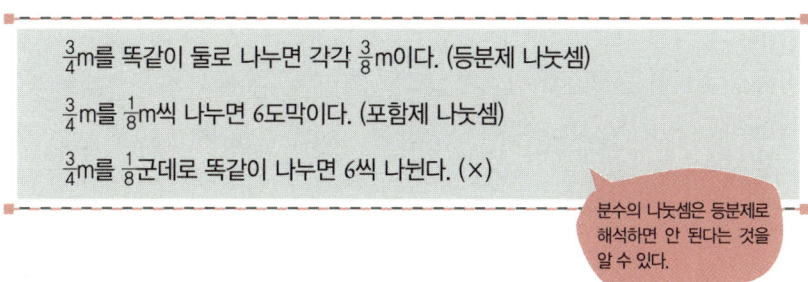

분수의 나눗셈은 등분제로 해석하면 안 된다는 것을 알 수 있다.

위와 같은 분수의 나눗셈의 의미를 이해했다면, 이제 분수의 나눗셈 지도 방법에 대해 생각해보자. 가능하면 그림을 통해 이해할 수 있기를 바란다. 문제풀이를 할 때에도 문제 상황을 그림으로 나타내보도록 하는 것이 좋다. 다음과 같이 말하면서 말이다.

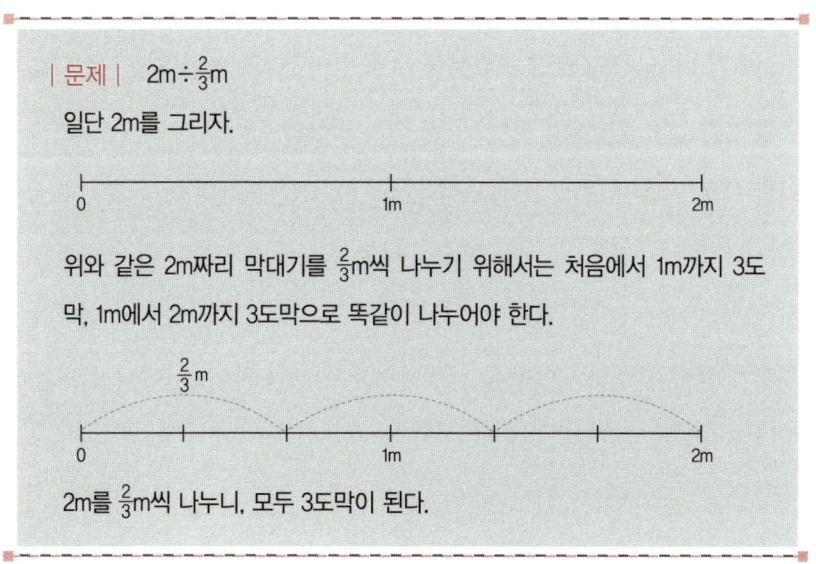

또 하나의 방법은 이미 배운 수학적 지식을 활용하는 일이다. 자신이 알고 있는 정보나 지식을 활용할 줄 안다는 것은 논리적인 사고능력을 지니고 있다는 의미이다. 수학은 계통성이 강한 공부이기 때문에, 이러한 논리적인 사고능력을 향상시키는 데 매우 유용하다. 중요한 것은 가르치는 사람, 즉 학부모가 초등수학의 계통에 대해 정확하게 알고 있어야 한다는 것이다. 그래야 아이가 과거에 어떤 내용을 배웠는지 알 것이고, 현재 학습에 그때의 지식을 활용하게 도와줄 것이 아닌가. 예를 들어, 다음과 같이 5학년에서 배운 '통분'을 활용하여 문제를 풀어보자.

$$2 \div \frac{2}{3} = \left(\frac{12}{6} \div \frac{4}{6}\right) = 12 \div 4 = \frac{12}{4} = 3$$

통분 활용   나눗셈과 분수의 관계

분수의 나눗셈은 6학년 교과서에 실려 있어, 5학년에서 배운 '통분' 방법을 활용하도록 유도해야 한다. 위의 전개 과정을 가만히 보면 이미 전 학년에서 배운 내용이 담겨 있다. 동분모의 나눗셈은 분자의 나눗셈과 그 값이 같다는 점, 나눗셈은 분수로, 분수는 나눗셈으로 표현할 수 있다는 점도 이미 경험한 바 있는 내용들이다. 결국 지식의 활용능력만 갖추고 있다면 학부모가 굳이 분수의 나눗셈을 설명하려고 애쓰지 않아도, 아이 스스로 그 원리를 깨달을 수 있다는 얘기다.

엄마와 함께 풀어보아요!

연산 중에 가장 가르치기 어려운 영역이 나눗셈이다. 그래서 요령만 가르치기 쉬운데, 이는 아이들이 나눗셈을 어려워하게 만들 뿐이다. 원리를 반복적이고 지속적으로 가르치도록 한다.

[문제 1] 3학년 1학기 4단원 – 나눗셈

같은 크기의 구슬 7개가 들어 있는 상자의 무게를 재보니 112g이었습니다. 상자만의 무게가 49g이었다면 구슬 1개의 무게는 몇 g입니까?

위와 같은 유형의 문제는 〈분수의 나눗셈〉, 〈소수의 나눗셈〉 단원에서도 볼 수 있다. 다만 자연수가 분수나 소수로 바뀌어 있을 뿐이다. 또 문제해결 전략을 익히는 데에도 등장하는 문제이다.

나눗셈을 활용하기 위해서는 전체가 '똑같이' 나눌 수 있는 구조를 갖추고 있어야만 한다. 위의 문제에서는 구슬과 상자의 무게가 합쳐진 전체이기 때문에, 상자의 무게를 제외해야만 전체 구슬의 무게가 된다. 그렇기 때문에 아이들이 문제를 접할 때 먼저 전체 구슬의 개수를 구해야 한다는 생각을 갖도록 해야 한다.

A 구슬 1개의 무게를 구하려면 먼저 알아야 할 게 뭘까?
B 구슬 7개의 무게요(또는 구슬만의 무게요).
A 그럼, 구슬만의 무게를 구해보자.

> 아니면, 112g이 무엇의 무게를 나타내는지부터 질문을 해도 좋다. 그런 후에 구슬 1개의 무게를 얻는 방법, 즉 상자의 무게를 빼도록 유도한다.

B 구슬과 상자를 합한 무게가 112g이고 상자만의 무게가 49g이니까, 112에서 49를 빼야 해요. 그럼 63g이요.

A 이제 구슬 1개의 무게를 구할 수 있겠구나.

B 예. 구슬 7개의 무게가 63g이니깐, 63÷7을 해야 구슬 1개의 무게를 구할 수 있어요. 그럼 9g이에요.

| 비슷한 유형의 문제 |

과일 바구니에 무게가 같은 배 8개가 들어 있습니다. 이 바구니의 무게를 달아보니 $11\frac{3}{7}$kg이고, 빈 바구니의 무게는 2kg이었습니다. 배 1개의 무게는 몇 kg입니까?

[문제 2] 3학년 2학기 4단원 – 나눗셈

색종이가 79장이 있습니다. 한 명에게 4장씩 나눠주었더니 3장이 남았습니다. 색종이를 몇 명에게 나눠주었는지 구하고, 구한 방법을 쓰시오.

이 단원에서는 나눗셈의 검산을 배운다. 그래서 「피제수=제수×몫+나머지」라는 검산식을 이용하여 해결해보라는 문제이다. 검산식을 이용해 문제를 해결하기 위해 많은 학부모들이 몫을 □로 놓고, 4×□+3=79라는 식을 쓰게 유도하는데, 상당수의 아이들이 어려움을 호소한다. 왜냐하면 위와 같이 곱셈과 덧셈이 섞여 있는 혼합계산은 4학년에서 배워야 할 내용이라 그간 접해보지 못한 방법이기 때문이다.

아이가 혼합계산 방법을 충분히 이해할 수 있다면 아무런 문제가 없겠지만, 그렇지 않다면 다음과 같은 방법을 도입해보라. 우선, 앞 문제에서도 설명했지만 나눗셈을 활용하기 위해서는 '똑같이' 나눌 수 있는 전체를 만들어놓아야 한다.

A 아이들에게 나눠준 색종이는 모두 몇 장일까?

B 76장이요. 색종이 79장 중에 3장이 남았기 때문이에요.

A 그렇지. 이제, 색종이 76장을 4장씩 나눠준다면 모두 몇 명에게 나눠줄 수 있는지 구할 수 있겠구나. <포함제 나눗셈>

B 76÷4=19장이에요.

A 잘했다. 지금까지 네가 한 말을 정리해볼 수 있겠니?

B 예. 색종이 79장 중에 나눠주지 않은 색종이 3장을 빼면, 모두 76장을 아이들에게 나눠주었어요. 76장을 한 명이 4장씩 나눠가졌기 때문에 다음과 같은 식을 쓸 수 있어요. 76÷4=19. 그래서 19명에서 나눠준 거예요.

| 검산식을 이용한 설명 |

<어떤 수를 ○라 놓고 설명해도 좋다>

A 4×□+3=79에서, 4×□를 계산하면 어떤 수가 만들어지니까, 「어떤 수+3=79」가 되겠지. 어떤 수를 구할 수 있겠니?

B 어떤 수는 79−3=76이에요.

<이때, 각 수가 무엇을 의미하는지 항상 염두에 두도록 해야 한다>

A 그렇지. 그런데 방금 전에 4×□를 했을 때 어떤 수가 만들어진다고 했지?

B 예… 76은 4×□를 해서 나온 수예요. □은 19예요.

[문제 3] 3학년 2학기 4단원 – 나눗셈

다음과 같이 흰색과 검은색 바둑돌을 늘어놓았을 때, 92번째에 놓인 바둑돌은 무슨 색입니까?

○○●●●○○●●●○○●●●○○●●● …

위와 같은 바둑돌 등의 그림을 이용한 규칙찾기 유형 문제는 '규칙성과 문제해결' 영역에서 자주 출제되는 형태이지만, 그림 대신 숫자를 이용한 문제는 수와 연산 영역, 특히 분수, 소수 단원에서도 단골메뉴로 등장한다. 다음과 같은 문제처럼 말이다.

$$\frac{2}{2},\ \frac{1}{2},\ \frac{3}{3},\ \frac{2}{3},\ \frac{1}{3},\ \frac{4}{4},\ \frac{3}{4},\ \frac{2}{4},\ \frac{1}{4},\ \frac{5}{5},\ \frac{4}{5},\ \frac{3}{5},\ \frac{2}{5},\ \frac{1}{5} \cdots$$

그림이든 숫자이든 이러한 유형은 '규칙적인 반복'이 이루어지도록 묶은 일이 가장 중요한 포인트다. 규칙적인 반복이 이루어지도록 흰색 바둑돌 2개와 검은색 바둑돌 3개를 묶을 수 있도록 해야 한다. 그래야 5개씩이 한 묶음이 되고, 묶음이 몇 번 반복되는지를 따져야 원하는 답을 구할 수 있다. 이 문제는 특히 나눗셈의 나머지를 이용해야 한다. 즉 5씩 나누었을 때 나머지가 1이나 2는 흰색 바둑돌, 나머지가 3, 4, 0이면 검은색 바둑돌이라는 것을 알 수 있기 때문이다.

> 한 묶음을 5의 배수로 해도 좋다.

A 92째 번 바둑돌 색깔을 알기 위해서 바둑돌을 하나하나 그려보는 일은 시간이 너무 많이 걸릴 것 같은데… 일단 바둑돌을 사람들에게 똑같이 나눠준다고 생각하고, 몇 개씩 묶어보자.

B 예, 이렇게 묶으면 같은 개수만큼 나눠줄 수 있을 것 같아요.

A 잘했다. 이렇게 묶어놓고 보니까, 묶음의 맨 끝에 있는 바둑돌은 5번째, 10번째, 15번째…에 놓여 있다는 것을 알 수 있구나. 그렇다면 20번째에 있는 바둑돌은 무슨 색일까?

B 검은색이요.

A 5로 나눠떨어지는 위치에 있는 바둑돌은 모두 검은색이라는 것을 알 수 있지. 그럼, 20번째 바로 앞에 있는 19번째 바둑돌과 21번째 바둑돌은 각각 무슨 색일까?

B 검은색과 흰색이요… 아, 이제 알겠어요. 5로 나눠떨어지면 검은색, 5로 나눴을 때 나머지가 1이면 흰색이네요.

> 아이가 검은색이 위치한 자리에 있는 바둑돌이 모두 5로 나눠떨어지는 자리에 있다는 것을 발견한다면 위와 같은 질문이 의미가 없다.

A 훌륭하다. 그럼 92번째 바둑돌이 무슨 색인지 설명해줄 수 있겠니?

B 예. 5로 나눴을 때 나머지가 1, 2이면 흰색이고, 3, 4, 0이면 검은색이에요. 그런데 92번째 바둑돌은 92÷5=18에서 나머지가 2이니깐 흰색이에요.

[문제 4] 6학년 1학기 1단원 - 나눗셈

어느 마을에서 5가구가 일주일 동안 배출한 재활용품의 양은 $87\frac{1}{2}$ kg이었습니다. 이 마을에서 한 가구가 하루에 배출한 재활용품의 양은 일정하다고 할 때, 3가구가 하루에 배출하는 재활용품의 양은 몇 kg이겠습니까?

| 비슷한 유형의 문제 |
어느 마을에서 5가구가 3일 동안 배출한 재활용품의 양은 50kg이었습니다. 이 마을에서 한 가구가 하루에 배출한 재활용품의 양은 일정하다고 할 때, 3가구가 하루에 배출하는 재활용품의 양은 몇 kg이겠습니까?

두 문제의 유형은 똑같다. 그래서 문제해결 전략도 똑같다. 아래 문제는 4학년의 나눗셈에서 볼 수 있는 문제인 반면, 위의 문제는 6학년 문제이다. 다만 자연수와 분수의 차이가 있을 뿐이다.

아래 문제의 다음 과정과 똑같은 방식으로 위의 문제도 해결하면 된다. 1가구가 3일 동안 배출한 재활용품의 양을 먼저 구하고(50÷5=10kg), 그런 다음, 3가구가 3일 동안 배출한 양을 구하고(10×3=30kg), 3가구가 하루에 배출한 양을 구한다(30÷3=10kg).

> 나눗셈의 몫으로서의 분수 의미를 충분히 이해한 아이라면, 훨씬 단순하게 문제를 해결할 수도 있다.

A 우리가 지금 구하려고 하는 것이 뭐지?
B 3가구가 하루에 배출하는 양이요.
A 그럼, 한 가구가 하루에 배출하는 양만 알면 답을 구할 수 있겠구나. 그렇지?

B 예. 한 가구가 하루에 배출하는 양에 3을 곱하면 되니까요.

A 먼저, 한 가구가 일주일 동안 배출한 양을 구해보자.

B 예. $87\frac{1}{2}$kg ÷ 5 = $17\frac{1}{2}$kg이요.

A 이제 한 가구가 하루 동안 배출한 양을 구할 수 있니?

B 예… $17\frac{1}{2}$kg ÷ 7 = $2\frac{1}{2}$kg이에요.

A 자, 이제 우리가 구하고자 답을 얻을 수 있겠구나.

B 예. $2\frac{1}{2}$kg × 3 = $7\frac{1}{2}$kg이요.

> 이미 5학년에서 '분수의 곱셈'을 배웠기 때문에, 위의 문제는 다음과 같이 단순하게 해결할 수도 있다.
> 3가구는 5가구의 $\frac{3}{5}$에 해당하기 때문에 $87\frac{1}{2}$kg × $\frac{3}{5}$이고, 일주일 중에 하루에 해당되기 때문에 $87\frac{1}{2}$kg × $\frac{3}{5}$ × $\frac{1}{7}$ = $7\frac{1}{2}$이다.

우리는 하나다
분수와 소수

3학년 2학기에 소수를 처음 접하게 된다. 아이들을 기다리고 있는 〈소수〉 단원 첫 장에 다음과 같은 '약속'이 제시되어 있다.

전체를 똑같이 10으로 나눈 것 중의 하나는 $\frac{1}{10}$입니다.
분수 $\frac{1}{10}$을 0.1이라 쓰고 '영점 일'이라고 읽습니다.
0.1과 같은 수를 소수라 하고 '.'을 '소수점'이라고 합니다.
$\frac{1}{10}$ = 0.1

이를 통해 소수는 분수로부터 출발하고 있다는 것을 알 수 있다. 사실 소수(decimal)는 분수를 십진기수법 표기로 나타내기 위해 사용된 것이다. 예를 들면, $254.367 = 2 \times 100 + 5 \times 10 + 4 \times 1 + 3 \times \frac{1}{10} + 6 \times \frac{1}{100} + 7 \times \frac{1}{1000} = 254\frac{367}{1000}$

이다. 그만큼 분수와 소수는 한 몸이었다. 뗄 수 없는 불가분의 관계이므로, 이들의 특징과 속성을 제대로 배우고 익힐 필요가 있다. 그러므로 소수보다 먼저 배우는 분수 개념을 완전히 이해하지 못하면, 소수는 절대 정복할 수 없다. 4학년부터 분수와 소수의 본격적인 활용과 변환이 시작되는데, 4학년 들어 수학을 어려워하는 까닭 중의 하나도 거의 모든 단원에서 등장하는 분수와 소수 때문이다.

우선 2·3학년에서 배우게 되는 등분할로서의 분수의 의미부터 따져보자. 2학년에서 배우는 분수는 분수 개념에 대한 입문 단계이다. 전체에 해당하는 것을 그림 등과 같은 시각적인 요소를 똑같이 나누는 활동을 함으로써 전체에 대한 부분을 표시해보고, 이를 분수로 나타내도록 하고 있다. 대부분의 아이들은 이 과정을 무사히 마치게 된다. 하나의 개체가 곧 전체였기 때문에, 이를 똑같이 나누는 일은 그리 어려운 문제가 아니었다.

문제는 3학년에서 발생한다. 전체가 하나의 개체가 아니라 여러 개의 개체이기 때문에 몇 분의 몇이 몇 (개)인지, 또는 몇 개가 전체의 몇 분의 몇인지를 알아야만 한다. 2·3학년에서 다루고 있는 전체와 부분을 정리하면 다음과 같다.

2학년	3학년
전체를 똑같이 4개로 나눈 것 중의 3개 : $\frac{3}{4}$	6은 8(전체)을 똑같이 4묶음으로 나눈 것 중의 3개 : $\frac{3}{4}$

만약 분수의 곱셈을 배운 5학년이라면 $8 \times \frac{3}{4} = 6$이라고 금방 원하는 답을 구할 수 있으나, 분수의 걸음마를 하는 단계인 3학년 아이가 6이 전체(8)의 $\frac{3}{4}$이라는 것을 알기란 쉽지 않다.

이 과정 이후에 학습하게 될 모든 분수, 소수와 관련된 내용들을 제대로 이해할 수 있느냐 그렇지 않느냐는 지금 이 단계를 얼마만큼 이해했는가와 직결되어 있다. 이 과정은 등분할로서의 분수, 나눗셈 몫으로서의 분수의 의미가 담겨 있기 때문이다. 특히 나눗셈 몫으로서의 분수는 언제든지 소수로 나타낼 수 있어야 한다. 그렇게 소수를 분수로, 분수를 소수로 자유자재로 변신시킬 수 있는 힘을 가져야만 수학이 쉬워진다. 소수에서 가장 중요한 것은 소수점이다. 소수점의 위치에 따라 수의 크기가 완전히 달라지기 때문이다.

소수점의 위치가 달라지면서 그 크기가 어떻게 변화되는지에 대해 잠깐 짚고 넘어가야겠다. 왜냐하면 일단 '소수 사이의 관계'를 아이들이 어려워하고, 소수와 분수의 관련성을 드러내는 대목이기 때문이다. 다음의 경우를 놓고 생각해보자.

> '소수의 곱셈과 나눗셈'에서 소수점을 잘못 찍어 시험에서 틀리는 경우가 태반이다. 나눗셈에서 몫과 나머지의 소수점 자리를 제대로 찾는 일에 소홀해서는 안 될 것이다.

54.3의 $\frac{1}{100}$배는 □입니다.

0.47의 $\frac{1}{10}$배는 □입니다.

4학년에 등장하는 문제이다. 5학년이라면 '소수의 곱셈' 또는 '분수의 곱셈'

에 대해 이미 공부했을 것이므로 $54.3 \times \frac{1}{100} = \frac{543}{10} \times \frac{1}{100} = \frac{543}{1000} = 0.543$이라고 금방 답했을 것이다. 또는 $54.3 \times 0.01 = 0.543$이라 했을 것이다. 그러나 현 단계에서는 아직 그러한 과정을 경험하지 못했을 것이므로, $\frac{1}{10}$배, $\frac{1}{100}$배의 의미를 이해할 필요가 있다. 일반적으로 '배(培)'는 증가의 개념이 컸기 때문에 '배'를 했음에도 크기가 축소된다는 것을 금방 받아들이기 쉽지 않기 때문이다. 어쨌든 $\frac{1}{10}$배, $\frac{1}{100}$배는 10배 만큼, 100배 만큼 작아진 개념으로 이해시키는 것이 좋다. $\frac{1}{10}$배는 0.1배, $\frac{1}{100}$배는 0.01배와 같다는 것도. 그래서 54.3의 $\frac{1}{10}$배는 5.34, $\frac{1}{100}$배는 0.543을 구할 수 있게 하자. 이때 병행해야 할 일은 다음처럼 $\frac{1}{10}$배, $\frac{1}{100}$배뿐만 아니라 10배, 100배 큰 수들도 같이 구해보는 활동을 하는 것이다.

$\frac{1}{100}$배를 금방 알지 못한다면 위와 같이 한 단계 한 단계 밟아보는 것이 좋다.

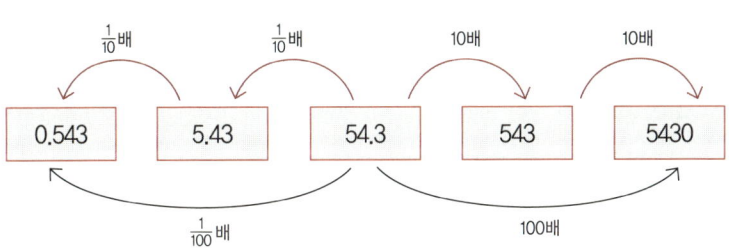

엄마와 함께 풀어보아요!

제시된 문제를 완벽하게 해결했다면 자녀의 수학 실력을 의심하지 않아도 좋다. 왜냐하면 초등학교의 수와 연산의 끝은 분수와 소수이기 때문이다.

[문제 1] 3학년 1학기 7단원 – 분수

연필이 2다스 있습니다. 그 중에서 동생에게 전체의 $\frac{3}{4}$, 형에게 나머지의 $\frac{2}{3}$를 주었습니다. 남은 연필은 몇 자루입니까?

분수 지도를 할 때에는 항상 전체가 있음을 주의해야 한다. '몇 분의 몇'은 반드시 '전체를 똑같이 몇 개로 나눈 것 중의 몇'이라고 생각해야만 한다.

만약 동생에게 준 연필의 수를 구하기 위해 $24 \times \frac{3}{4} = 18$개라는 식의 접근은 절대 금물이다. 방정식이라는 말조차 모르는 아이에게, 방정식을 통해 문제해결 전략을 가르쳐주는 것 같이 어리석은 일이다. 문제에서 전체가 24개이므로, 24개를 4묶음으로 나누도록 지도한다. 형에게 준 연필은 동생에게 주고 난 나머지의 것임을 잊지 말게 하자. 어쨌든 3학년 아이가 이 정도의 문제를 스스로 해결한다면 대단한 실력의 소유자라고 생각해도 좋다.

> 바로 앞에서도 설명했듯이, 3학년은 분수 공부를 이제 시작했다고 해도 과언이 아니기 때문에 기본에 입각하여 가르쳐야 한다.

A 구하고자 하는 것이 뭐니?

B 형과 동생이 갖고 난 나머지 연필의 수요.

A 동생에게는 어떻게 주었지?

B 전체의 $\frac{3}{4}$이요.

> 반드시 '전체'라는 말을 포함시켜 말하도록 해야 한다.

A 그럼, 연필 전체의 $\frac{3}{4}$이 몇 개인지 구할 수 있겠니?

B 예. 연필 전체의 개수가 24개이니까, 24를 4묶음으로 똑같이 나누면, 6개가 한 묶음이 되요. 그중에 3묶음이면 $6 \times 3 = 18$개예요.

A 훌륭한 설명이다. 이제 해야 할 일은 뭘까?

B 형에게 준 연필의 수를 구해야 해요.

A 형에게 준 연필은 어떻게 구해야 할까?

B 전체에서 동생에게 준 것을 빼고, 그 나머지의 $\frac{2}{3}$를 계산해요. 24개 중 형에게 18개를 주었으니까, 나머지는 모두 6개에요. 6개의 $\frac{2}{3}$는 6을 3묶음으로 똑같이 나누면 2개가 한 묶음이 되니까, 그중에 2묶음이면 $2 \times 2 = 4$개예요. … 남은 연필을 구하기 위해서는 전체에서 형에게 준 연필과 동생에게 준 연필 수를 빼줘야 하니깐, $24 - 18 - 4 = 2$개예요.

[문제 2] 4학년 1학기 6단원 – 분수

길이의 차가 40cm인 두 막대를 이용하여 휴지통의 높이를 알아보려고 합니다. 짧은 막대로 휴지통을 재어보니 막대의 $\frac{2}{3}$만큼이었고, 긴 막대로 휴지통을 재어보니 막대의 $\frac{2}{5}$만큼이었습니다. 휴지통의 높이는 몇 cm입니까?

분수를 배워 실생활에 활용해볼 수 있는 문제이다. 그러나 분수에 대한 개념을 충분히 이해했다 하더라도 문제해결 전략이 없으면 6학년이라고 하더라도, 이런 유형의 문제는 어려울 수밖에 없을 것이다. 나중에 문제해결 전략 편에서도 설명하겠지만, 문제 상황을 그림으로 그려보는 훈련을 하는 것이 문제를 단순화시키는 데 도움이 된다.

이 문제도 마찬가지로 선분을 이용하여 도움을 준다면 쉽게 받아들일 수 있을 것이다. 물론 분수를 충분히 이해한 아이라면, 막대의 $\frac{2}{3}$와 $\frac{2}{5}$를 그림으로 나타낼 수 있을 것이다.

A 일단 문제를 그림으로 나타내보자.

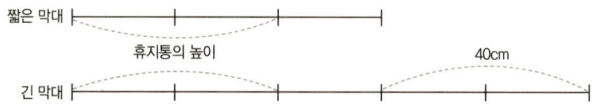

휴지통의 높이는 짧은 막대의 $\frac{2}{3}$, 긴 막대의 $\frac{2}{5}$이고, 긴 막대와 짧은 막대의 차이가 40cm이니 이 그림처럼 나타낼 수 있단다. 이 그림을 통해서 알 수 있는 것은 뭘까?

B 눈금 하나의 크기가 20cm라는 것을 알 수 있어요.

> 아이가 이해했다고 하면, 이 그림을 지우고 아이에게 직접 그려보면서 설명하게 한다.

> 짧은 막대의 $\frac{2}{3}$과 긴 막대의 $\frac{2}{5}$이 같다는 것을 깨달아야 한다. '휴지통의 높이'는 어떤 막대로 재든 변함이 없다.

A 그럼, 휴지통의 높이를 구할 수 있겠구나.

B 예. 휴지통의 높이는 20×2=40cm예요.

[문제 3] 4학년 1학기 7단원 – 소수

□ 안에는 0부터 9까지의 숫자가 들어갈 수 있습니다. 가장 큰 수를 찾아 기호를 쓰시오.
(가) □0.127   (나) 8□.693   (다) 9□.135   (라) 90.0□□

소수 크기의 문제이다. 앞서 말했듯, 소수점의 위치가 달라지면 크기가 달라진다고 했다. 그 얘기는 소수의 크기 비교를 할 때에도 소수점을 기준으로 해야만 한다는 뜻과 같다.

A 소수점 윗부분(자연수)을 보면서 알 수 있는 것을 찾아보아라.

B (나)는 (다)와 (라)보다는 작다는 것을 알 수 있어요. (다)와 (라)는 십의 자리에 9가 있지만 (나)는 8이기 때문이에요.

A 그래. 이제 (나)는 한쪽으로 치워두자. 가장 큰 수가 아니라는 것이 확실하니까. 혹시 (다)와 (라)를 비교해볼 수는 없을까? 빈 칸이 있긴 하지만 말이다.

B (다)가 (라)보다 커요. (다)의 빈 칸에 가장 작은 수인 0이 들어간다 하더라도 소수 첫째자리를 비교해볼 때, (다)가 크다는 것을 알 수 있어요.

> 만약 이런 대답을 하지 못한다면, '(다)가 (라)보다 큰데 그 이유를 생각해보렴'이라고 이유를 생각해보게 하면 좋다.

A 좋다. 이제 (다)와 (가)만 비교해보면 되겠구나.

B 그래도 (다)가 커요. (가)의 빈 칸에 가장 큰 수인 9가 있다고 가정하고, (다)의 빈 칸에는 가장 작은 수인 0이 들어간다고 가정하더라도 (다)가 크다는 것을 알 수 있어요. 그렇게 가정한다고 해도, 소수 첫째 자리까지는 같지만 소수 둘째 자리의 수가 (다)가 크거든요.

[문제 4] 6학년 1학기 1단원 – 분수와 소수

4.5와 $3\frac{3}{4}$에 어떤 수를 각각 곱하였더니 모두 자연수가 되었습니다. 어떤 수 중 가장 작은 수를 구하시오.

위와 같은 문제는 5학년의 〈배수와 약수〉 단원에서도 등장하는 유형인데, 분수를 소수로, 소수를 분수로 변환시키는 것만으로 해결되는 문제는 아니다. 눈치가 빠른 아이들은 공배수나 공약수와 관련 있는 문제라고 생각하고 재빨리 연필을 잡겠지만, 굳이 눈치가 빠르지 않더라도 분수의 곱셈을 통해 문제를 해결하는 데에는 아무 지장이 없다. 다만 분수를 소수로 고치는 것이 좋을지, 아니면 소수를 분수로 고치는 것이 좋을지에 대한 판단은 해야 한다.

A 일단 위의 수들을 가분수로 바꿔보자.

B $\frac{9}{2}$와 $\frac{15}{4}$예요.

A 좋다. 이 분수를 자연수로 만들기 위해서 어떤 수를 곱해야 하는데, 이 수는 자연수일까, 아니면 분수일까?

B 분수예요. 만약 자연수라면 분모를 약분해서 1로 만들 수 있는 2와 4의 최소공배수인 4를 곱해야 하는데, 그렇게 되면 $\frac{9}{2} \times 4 = 18$, $\frac{15}{4} \times 4 = 15$가 되요. 그래서 분자도 약분하여 크기를 줄여야만 더욱 작은 수를 만들 수 있어요.

> 만약 '자연수'라고 대답한다면, 그 수를 곱하여 자연수를 만들어 보도록 한 후, 더 작은 수를 만드는 과정을 설명해주도록 한다.

A 좋은 설명이다. 네 설명을 들으니 어떤 수는 분수일 것이고, 그 분수의 분자는 2와 4의 최소공배수인 4라는 것을 알게 되었구나. 그렇다면 분모는 어떻게 구할 수 있을까?

B 분모는 9와 15를 약분시킬 수 있는 공약수이어야 해요. 그중 가장 큰 최대공약수가 필요해요. 9와 15의 최대공약수는 3이에요.

> 공배수는 될 수 없다. 그렇게 되면 자연수를 만들 수 없기 때문이다.

A 그럼 우리가 구하고자 하는 분수는 $\frac{4}{3}$, 즉 $1\frac{1}{3}$이 되겠구나.

B 예. $\frac{9}{2} \times \frac{4}{3} = 6$, $\frac{15}{4} \times \frac{4}{3} = 5$이므로 $\frac{4}{3}$를 곱했을 때 가장 작은 자연수가 만들어져요.

순서를 무시하면 혼란스러워진다
자연수, 분수, 소수의 혼합계산

초등 4학년이 되면 자연수의 혼합계산을, 6학년이 되면 분수와 소수의 혼합계산을 완성하도록 교육 과정이 짜여 있다. 그런데 많은 아이들이 4학년에서 다루어지고 있는 혼합계산에 어려움을 느낀다. 4학년이 되면 단순 계산이 아니라 서술 형식으로 된 문장을 식으로 만드는 일이 많아지는데, 아이들 입장에서는 다양한 문제 상황을 혼합식으로 만들어본 경험이 부족한 것이다. 예를 들어, 교과서에 수록된 다음의 문제를 살펴보자.

> 자동차 50대를 주차할 수 있는 주차장이 있습니다. 어제 저녁에 자동차가 7대씩 4줄로 주차되어 있었습니다. 오늘 아침에 자동차 14대가 주차장 밖으로 나갔습니다. 이 주차장에 자동차를 몇 대 더 주차할 수 있는지 알아봅시다.

위의 내용을 간단하게 정리하면 다음과 같다.

① 주차장에 50대가 주차할 수 있음
② 어제 7대씩 4줄로 차가 있었음(7×4만큼이 있었음)
③ 오늘 14대가 나갔음

주차장에 댈 수 있는 자동차 수를 구하기 위해서는, 어제 저녁에 있었던 자동차 수(7×4대)에서 빠져나간 자동차 수(14대)를 빼주어야 한다. 결국, 50−(7×4)−14를 계산할 때, 먼저 7×4를 계산한 후 50에서 그 값을 빼고 14를 빼는 것이 올바른 순서라고 설명하기보다는, 7×4는 '하나의 수'라고 인식을 할 수 있도록 도와주는 것이 현명한 지도 방법이다.

> 아이들이 이러한 과정을 통해 혼합식의 순서를 깨달을 수 있도록 가능한 한 많은 경험을 할 수 있도록 해줘야 한다. 한두 번의 시도로 순서에 대한 기억을 놓친 아이들을 나무랄 수는 없다.

제시된 문제를 놓고, 한 가지 더 짚고 넘어가자. 위와 같은 문제를 하나의 식으로 나타내려는 시도가 곳곳에서 보인다. 물론 주어진 문제 상황을, 그것도 복잡한 상황을 수학적인 기호로 변환시킬 수 있다면, 그야말로 축복이다. 만약 우리 아이가 위의 문제를 50−(7×4)−14라는 식을 곧바로 만들어냈다면 덩실덩실 어깨춤을 추어도 좋을 것이다.

그러나 그런 아이들이 많지 않다. 일단 문제를 분석하기가 쉽지 않고, 분석했다 하더라도 그것을 하나의 식으로 나타내는 데에는 시간이 필요하다. 그래서 일단 구하고자 하는 바가 무엇인지, 그것을 얻기 위한 조건이 무엇인지를 따지면서, 식으로 전환하는 연습이 필요하다. 예를 들어, '주차장에 댈 수 있는 자동차 수'라는 말을 통해 '현재 주차장에는 몇 대의 차량 밖에 없구나. 50대 중에 주차장에 있는 자동차 수를 빼주어야 앞으로 몇 대를 더 댈 수 있는지 알 수 있겠구나. 그렇다면 50대에서 주차되어 있는 차량 수를 빼주면 되겠네.'라는 일련의 과정을 떠올리면서 50-(7×4)-14라는 식이 만들어지는 것이다.

문제 분석과 조건을 따져가며 전개되는 사고의 과정이 없다면 덧셈과 뺄셈, 나눗셈과 곱셈, ( )가 혼합되어 있는 하나의 식을 만들어내는 것은 결코 쉬운 일이 아니므로, 지속적인 연습이 필요하다. 이러한 연습을 게을리 하면 6학년에서 만나게 될 분수와 소수의 혼합계산은 더욱 힘들어질 것이다. 다음의 문제가 대표적이다.

> 0.3시간에 $2\frac{2}{5}$km를 달리는 자전거가 있습니다. 같은 빠르기로 $1\frac{1}{2}$시간 동안 달리면 몇 km를 달리겠습니까?

만약 문제에 있는 소수와 분수 대신에 자연수가 있다면, 문제가 보다 쉽게 이해될 수 있을 것이다. 그러나 0.3시간, $1\frac{1}{2}$시간이라는 말 자체가 모호한 구석이 있고, 그러다보니 $1\frac{1}{2}$시간 동안 달리게 될 거리를 어떻게 구해야 할지 망설이게 되는 것이다.

위 문제를 다음과 같이 바꾸면 그 차이가 선명해진다.

> 2시간에 6km를 달리는 자전거가 있습니다. 같은 빠르기로 5시간 동안 달리면 몇 km를 달리겠습니까?

똑같은 유형의 문제인데도 앞의 문제와 비교할 때 문제 분석이 쉽기 때문에, 그 해결 방법도 쉬울 수밖에 없다. $6 \div 2 \times 5 = 15 (km)$와 같이 답이 금방 나온다. 앞의 문제도 마찬가지로, $2\frac{2}{5} \div 0.3 \times 1\frac{1}{2}$로 나타낸다. 계산 방법은 자연수의 혼합계산 방법과 동일하다. 단 모든 수들을 분수로, 또는 소수로 변환하여 계산해야만 하는 번거로움이 있을 뿐이다.

엄마와 함께 풀어보아요!

자연수의 혼합계산은 4학년에서, 분수와 소수의 혼합계산은 6학년에서 완성된다. 유의할 점은 문제와 식을 동시에 놓고 올바른 계산 순서의 필요성을 깨닫게 해주는 것이다.

[문제 1] 4학년 1학기 5단원 – 혼합계산

보기와 같은 방법으로 8 ◎ (7 ◎ 9)를 계산하시오.

| 보기 | 가 ◎ 나 = 가×(나−5)−15

다음과 같은 문제는 많이 보아 왔을 것이다. 혼합계산능력과 대치능력을 동시에 묻고 있는 문제이다. 이런 문제를 어려워하는 아이들은 ◎ 표시가 어떤 의미를 지니고 있는지를 이해하지 못하기 때문이다. 〈보기〉를 통해 그것이 어떤 의미가 있는지 보여주고 있는데도 말이다. 그러므로 아이들을 지도할 때에는 '가'와 '나'는 어떤 수임을 알려주어야 하고, 문제에서는 혼합계산을 할 때의 순서에 맞게 (   )의 것을 우선적으로 계산해야 한다는 것을 알려주어야 한다.

A 문제에서 우선적으로 계산해야 하는 것이 뭘까?
B (7 ◎ 9)를 먼저 계산해요.
A 그럼 7 ◎ 9를 〈보기〉의 '가'와 '나'라고 생각하고 '가' 대신에 7을 '나' 대신에 9를 넣어 식으로 나타내보자.

B 7×(9−5)−15라고 나타낼 수 있어요. 이것을 계산하면 7×4−15=13이 네요.

A 잘했다. 네가 계산한 과정을 정리하면, 7 ◎ 9=13이라고 말할 수 있겠 구나. 이제 마지막으로 해야 할 일이 남았구나.

> 7◎9=13을 아이의 입을 통해서 정리한다면 더욱 좋을 것이다.

B 8 ◎ 13을 〈보기〉처럼 다시 해야 되겠네요.

A 그렇단다. 해볼 수 있겠니?

B 예. 8을 '가'라고 하고, 13을 '나'라고 하면, 8×(13−5)−15라고 정리할 수 있어요. 이것을 계산하면 8×8−15=49, 답은 49예요.

[문제 2] 4학년 1학기 5단원 – 혼합계산

동사무소 직원들은 지난 식목일에 둘레의 길이가 350m인 호숫가 주변으로 장미꽃을 100cm 간격으로 심었습니다. 장미꽃의 값이 4송이에 3000원이었다면, 장미꽃의 값은 모두 얼마가 들었습니까?

이 문제에서 정작 중요한 단서는 다음과 같다.

① 호숫가 둘레의 길이가 350m

② 장미꽃을 100cm 간격으로 심었다는 점

③ 장미꽃 4송이에 3000원이라는 점

우리가 구하고자 하는 것은 장미꽃 값이기 때문에 하나의 식으로 전환

할 때 앞의 사항들을 염두에 두어야 한다. 즉, 장미꽃 값을 구하기 위해서는 장미꽃의 개수를 알아야만 하는데, 그것은 ①과 ②의 단서를 통해 알 수 있다. 그런 다음 장미꽃 1송이의 값을 구하여 장미꽃의 개수에 곱해주면 된다. 정리하면, ①과 ②의 단서를 통해 35000÷100이 장미꽃의 개수를, ③의 단서를 통해 3000÷4가 1송이의 장미꽃의 가격이기 때문에 (35000÷100)×(3000÷4)이라는 하나의 식으로 전개할 수 있다.

A 우리가 구하고자 하는 것이 뭘까?

B 장미꽃의 가격이요.

A 장미꽃의 가격을 알기 위해서는 무엇을 알아야 할까?

B 장미꽃의 개수와 장미꽃 1송이의 가격이요.

A 좋다. 네 말처럼 장미꽃의 개수와 1송이의 장미꽃의 가격을 알았다고 하자. 그것을 통해 장미꽃의 가격을 어떻게 구할 수 있지?

> 만약 이런 대답을 하지 못한다면, 다음과 같은 예를 들어 필요한 답을 이끌어낼 수 있을 것이다. "장미꽃 10송이가 있다. 1송이의 가격이 500원이라면 장미꽃은 모두 얼마일까?" 이런 문제를 예로 드는 이유는 장미꽃 전체의 값을 알기 위해선 장미꽃 개수와 1송이의 장미꽃 가격이라는 정보가 필요하다는 것을 인식시키기 위함이다.

B 장미꽃의 개수에 1송이의 장미꽃 가격을 곱하면 전체 장미꽃의 가격을 구할 수 있어요.

> 장미꽃 개수×1송이의 장미꽃 가격=전체 장미꽃의 가격

A 대단히 훌륭한 설명이다. 이제 하나의 식으로 나타내보자.

B 장미꽃의 개수는 35000÷100(350m÷100cm)이고 1송이의 장미꽃 가격은 3000÷4이므로 전체 장미꽃의 가격은 (35000÷100)×(3000÷4)=262500(원)이에요.

[문제 3] 6학년 2학기 1단원 - 분수와 소수의 계산

□ 안에 알맞은 수를 써 넣으시오.
$(2\frac{1}{6} + □ × 0.3) ÷ 3\frac{1}{3} - 0.25 = 1$

□ 안에 알맞은 수를 써 넣으시오.
$(170 - □) ÷ 54 + 16 = 19$

왼쪽 문제가 4학년의 혼합계산에서는 오른쪽 문제처럼 등장한다. 하나는 분수와 소수로 구성되어 있는 반면, 나머지 하나는 자연수로 구성되어 있다는 차이일 뿐이다. 앞서 말한 대로, 4학년 혼합계산을 통해 문제 분석과 분석에 따른 식으로의 변환에 대한 충분한 경험과 이해가 있었다면, 이러한 문제해결은 그리 어렵지 않을 것이다. 분수와 소수의 혼합계산인 만큼, 분수와 소수의 변환을 자유자재로 구사할 줄만 안다면 말이다. 이 문제는 문제해결 전략 중의 하나인 '거꾸로 풀어 해결하기'를 이용하면 좋을 듯하다.

A 문제에서 둘로 보이지만 실제로는 하나인 수는 뭘까?

B □×0.3이요.

A 그렇지. 그 둘은 뗄 수 없는 사이지. 그 점을 이해했으니 이제 본격적으로 문제해결을 해보자. 예전에도 해봤듯이 뒤에서부터 거꾸로 생각해보는 거다. 0.25를 하기 전에 어떤 수가 있었을까?

B 그 수는 1에 0.25를 더한 1.25예요.

A 방금 네가 말한 것을 이렇게도 정리할 수 있겠구나. $(2\frac{1}{6} + □ × 0.3) ÷ 3\frac{1}{3}$을 계산하면 1.25와 같다고 말이야.

> $(2\frac{1}{6} + □ × 0.3) ÷ 3\frac{1}{3}$을 계산하면 어떤 수가 생길 것이다. 그 수에서 0.25를 뺀 결과가 1이기 때문에 그 '어떤 수'를 구하기 위해서는 1에 0.25를 더해야 한다.

B 예.

A 그럼, $3\frac{1}{3}$을 나누기 전에는 어떤 수가 있었을지 말해보렴.

B 1.25에 $3\frac{1}{3}$을 곱하면 어떤 수를 알 수 있어요. $\frac{125}{100} \times \frac{10}{3} = \frac{125}{30} = 4\frac{1}{6}$, 어떤 수는 $4\frac{1}{6}$이네요.

A 결국 $(2\frac{1}{6}+\square \times 0.3)$을 계산하면 $4\frac{1}{6}$이라는 말이구나. 이것을 다시 식으로 나타내면 $(2\frac{1}{6}+\square \times 0.3) = 4\frac{1}{6}$이라 할 수 있겠구나.

B 예. 이제 □를 구하기 위해서는 $4\frac{1}{6}$에서 $2\frac{1}{6}$를 빼고, 그 값을 0.3으로 나눠주면 되겠네요.

A 네 말은 $(4\frac{1}{6}-2\frac{1}{6}) \div \frac{3}{10}$이라는 뜻이구나.

B 예. 계산해볼게요. $2 \times \frac{10}{3} = \frac{20}{3} = 6\frac{2}{3}$네요.

> 위와 같은 일련의 과정을 이해했다면, □를 구하기 위한 하나의 식으로 나타내는 연습을 해보자. 1에 0.25를 더한 다음, $3\frac{1}{3}$을 곱하고 나서 $2\frac{1}{6}$를 빼준다. 그 값을 0.3으로 나누면 구하고자 하는 값이 나오게 되는데, 이를 간단하게 나타내면 $\{(1+0.25) \times 3\frac{1}{3} - 2\frac{1}{6}\} \div 0.3$ 이라고 할 수 있다.

[문제 4] 6학년 2학기 1단원 – 분수와 소수의 계산

> 서영이는 실과 시간에 $10\frac{4}{5}$m의 철사에서 4.8m를 잘라 쓰고, 그 나머지를 서윤, 동하, 채원이에게 똑같이 나눠주었습니다. 그런데 서윤이는 채원이에게 자기 철사의 $\frac{2}{5}$를 주었습니다. 서윤이가 가진 철사의 길이는 몇 m입니까?

분수와 소수가 섞여 있으므로 분수와 소수의 변환을 자연스럽게 할 수 있어야 한다. 특히 조심해야 할 것은 $\frac{2}{5}$의 의미이다. 많은 아이들이 문장제 속에 이런 분수가 등장할 때, 이것이 절대적인 값을 의미하는 것인지, 아니면 상대적인 의미인지 분간하지 못한다. 여기에 등장하는 $\frac{2}{5}$는 서윤이가 갖고 있는 철사를 1로 보았을 때 그것의 $\frac{2}{5}$라는 뜻이지, 절대적인 의미를 지닌 $\frac{2}{5}$m가 아니다. 아이들에게 그 점을 분명히 각인시킬 필요가 있다.

A 구하고자 하는 것이 뭘까?

B 서윤이가 가진 철사의 길이요.

A 그럼, 단서 중에서 서윤이에 해당되는 부분을 눈여겨봐야겠구나. 서윤이가 철사를 얻고 주는 과정을 따라가 보자.

B 예. 먼저 서영이에게 철사를 받았고, 그 중에서 채원이에게 자기가 갖고 있는 철사의 $\frac{2}{5}$만큼을 주었어요.

A 중요한 단서만을 잘 추출했다. 그럼, 서영이에게서 받은 철사가 어느 정도인지를 알아야겠구나.

B $10\frac{4}{5}$m에서 4.8m를 쓰고 나서, 3사람에게 나눠주었다고 했으니까, $(10\frac{4}{5} - 4.8) \div 3$을 해야 서윤이가 받은 철사의 길이를 알 수 있어요. 계산해 보면 2m네요.

A 결국 서윤이가 서영이에게 받은 철사의 길이는 2m구나.

B 예. 그런데 서윤이가 채원이에게 자기 철사의 $\frac{2}{5}$만큼을 주었다고 했으니까, $2 \times \frac{3}{5}$을 해야만 서윤이가 갖고 있는 철사의 길이를 구할 수 있어요. $\frac{6}{5} = 1\frac{1}{5}$m네요.

> 서윤이가 갖고 있는 철사 중 $\frac{2}{5}$만큼을 주었으므로 남은 것은 $\frac{3}{5}$만큼이다.

도형의 모든 것

2장
도형 교과 과정

- 원기둥과 원기둥의 전개도, 회전체
- 쌓기나무의 위, 앞, 옆에서 본 모양 그리기
- 쌓기나무의 개수 규칙찾기
- 각기둥과 각뿔, 각기둥의 전개도
- 원기둥과 원뿔
- 여러 가지 입체도형
- 선대칭 위치에 있는 도형, 점대칭에 있는 도형
- 각기둥과 각뿔
- 선대칭도형 점대칭도형
- 도형의 대칭
- 1학기
- 2학기
- 6학년
- 조건에 맞는 삼각형 그리기
- 도형의 합동
- 합동의 의미
- 1학기
- 5학년
- 2학기
- 4학년
- 전개도 겨냥도
- 직육면체와 정육면체
- 1학기
- 직육면체와 정육면체의 구성요소
- 사각형과 다각형
- 사다리꼴 평행사변형 마름모, 직사각형 정사각형
- 수직, 평행
- 삼각형
- 예각, 둔각 예각삼각형 둔각삼각형

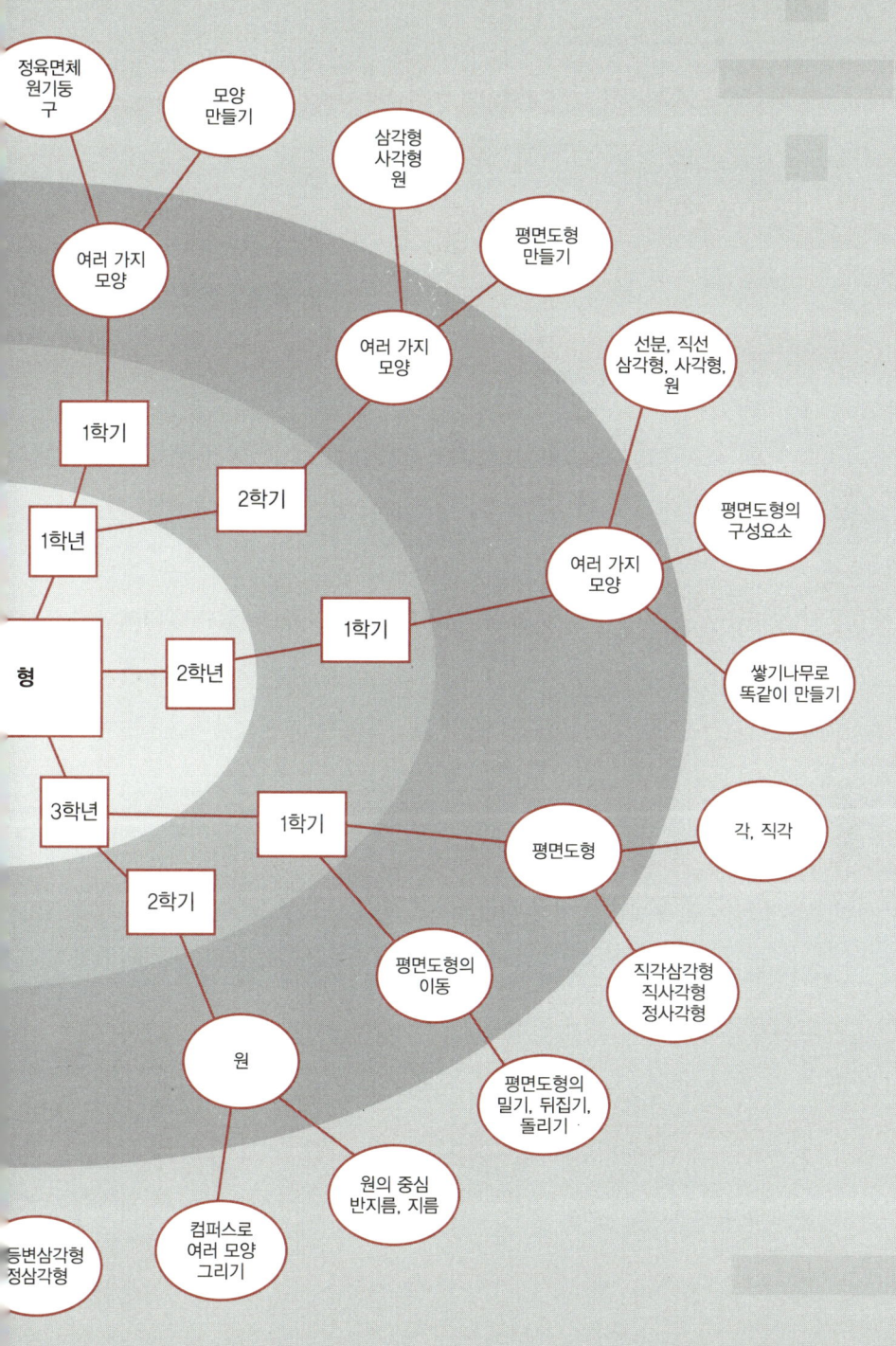

개념 06

직접 만지고 살펴라

도형에 대한 감각

　이번 장은 초등수학의 5개 영역 중 가장 흥미롭게 공부할 수 있는 영역이다. 보고, 만지고, 만드는 활동을 할 수 있기 때문이다. 또한 실제 생활 속에서 직접 경험했던 것들이 등장하고 있어 자신감과 흥미로움이 더해지기 때문이다. 평면도형은 그렇다 치더라도 입체도형의 경우, 우리 주변을 살짝 둘러보면 없는 게 없다. 교과서에 실려 있는 모든 입체도형들이 곳곳에서 뜨거운 눈빛으로 우리를 반기고 있다.

　그러나 안타깝게도 우리 아이들을 기다리고 있는 것은 뜨거운 눈빛을 하고 있는 도형들이 아니라, 무표정한 책 속의 그림들뿐이다. 문제는 교재와 학부모(교사)와 평가 시스템이다. 교재는 그림뿐이다. 실물을 갖다 놓을 수 없기 때문이다. 그 점은 어쩔 수 없다고 치자. 그렇다면 학부모(교사)가 문제다. 교재에 실려 있는 그림과 같은 실물(구체물 또는 반구체물)을 준비해야 한다. 감각을 키울 수 있도록, 충분히 보고 만질 수 있도록 도와주어야 한다. 그런데 그렇게 하지 않는다. 왜? 귀찮으니까. 아니면 구체적인 조작 활동을 하는 것이 얼마나 중요한 의미인지를 깨닫지 못해서이다.

또 하나는 평가 방식이다. 가장 쉬우면서도 획일적인 평가 방식이 지필평가이다. 지필평가는 도형에 대한 감각을 키우는 데 오히려 방해꾼이다. 감각을 키우기보다는 요령에 익숙하게 만들기 때문이다.

다음 문제를 보자. 도형 감각이 있다면, 대부분의 아이들이 어려워하는 이런 문제들도 쉽게 해결이 가능하다.

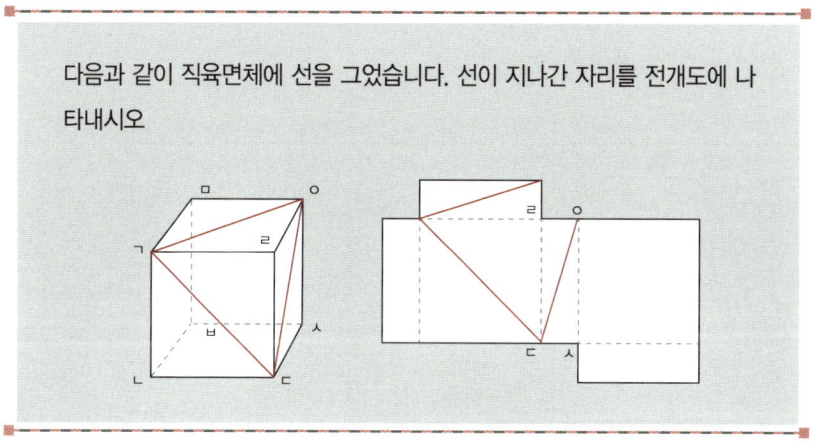

겨냥도에서 전개도의 면 ㄹㄷㅅㅇ과 같은 면을 찾은 다음, 마주보는 면과 만나는 선분을 찾아 선이 지나간 자리를 알게 되는 방법은 일종의 요령이다. 그러나 감각이 있는 아이들은 겨냥도를 따라 전개도를 머릿속으로 접으면서 구하고자 하는 답을 얻을 수 있다. 그 아이들은 전개도를 직접 그려 접어보는 구체적인 조작 활동을 통해, 선분과 선분이 만나는 점, 윗면과 아랫면, 옆면이 어떻게 위치하고 있는지를 직관적으로 파악할 수 있기 때문이다.

도형에 대한 감각을 키우는 일은 공간지각능력을 키우는 일과 같다. 2학년 1학기 3단원(여러 가지 모양)에는 쌓기나무를 이용한 여러 가지 모양 만들기를 해보도록 유도하고 있다. '똑같이 따라서 쌓기', '쌓아놓은 쌓기나무를 보고 개수 구하기', '앞, 옆, 위에서 본 모양대로 쌓기', '앞, 옆, 위에서 본 모양 그리기' 등이 그것이다. 특히 위, 앞, 옆에서 본 모양을 제시하고 그것과 똑같은 모양을 찾으라고 하거나, 똑같이 쌓아보라고 하거나, 쌓기나무의 개수를 구하라는 문제는 도형에 대한 감각이 없이는 해결하기 힘들다. 다음과 같은 문제 말이다.

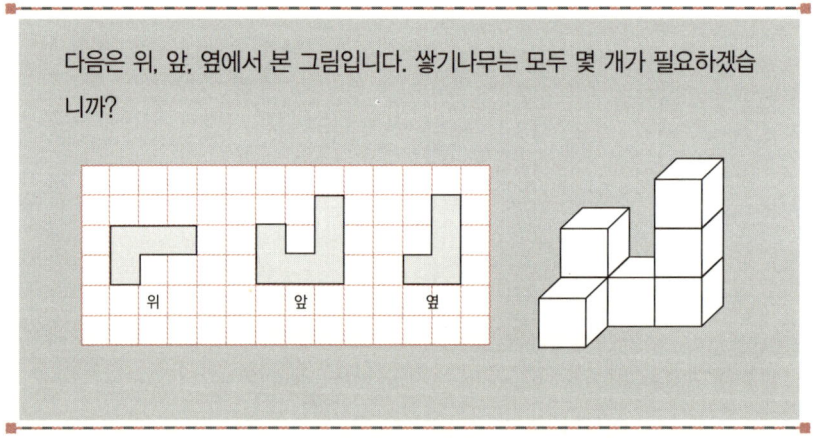

위의 문제는 다음과 같은 요령을 통해 해결할 수 있다. 먼저 (위)에서 본 모양을 기준으로 삼고, (앞), (옆)에서 본 모양을 비교해간다. 개수가 확인되면 (위)에서 본 모양의 빈 칸에 숫자를 기입한다. (위)에서 본 모양의 빈 칸에는 설명을 위해 편의상 기호를 넣어 놓겠다.

(위)에서 본 모양과 (앞)에서 본 모양을 동시에 살펴보면 ♣ 표시가 있는 곳은 1층으로 되어 있다는 것을 알 수 있다. 그곳은 1개가 놓여 있는 것이 확실하다. 그래서 1이라 써 넣는다. 같은 방법으로 다른 곳도 몇 개인지 알 수 있다.

도형은 1~6학년까지 전 학년에 걸쳐 등장하는 영역이다. 초등 전 과정을 통틀어 계통적으로 학습이 이루어지기 때문에, 저학년부터 도형에 대한 감각을 키우는 일은 고학년에 가서 많은 시간을 투자하지 않더라도, 도형에 대한 어려움을 이겨내는 데 큰 기여를 하게 되는 셈이다.

> 1학년은 실제적인 입체도형과 평면도형의 모양을 이해하고, 2학년에서는 평면도형을 이루는 기본적인 구성 요소와 추상적인 개념들을 배운다. 3학년부터는 평면도형과 입체도형의 성질 및 특성, 도형의 변환에 대해 학습한다.

엄마와 함께 풀어보아요!

모양을 머릿속으로 상상해보게 한다. 그래도 안 되면 구체적인 물건을 보여준다. 위와 같은 활동을 반복하면 도형에 대한 감각이 엄청난 변화를 일으킬 것이다.

[문제 1] 3학년 1학기 3단원 – 평면도형

다음 도형에서 크고 작은 직사각형은 모두 몇 개입니까?

도형과 관련된 단원에서 어김없이 등장하는 문제이다. 직사각형의 성질을 이해했는가를 물으면서 오류를 줄일 수 있는 방법을 찾으라고 요구하고 있다. 집중력도 필요하다. 이런 유형의 문제를 오래 접하다보면 요령이 생긴다. 가로줄에 있는 직사각형 3개는 1+2+3이라 놓고, 세로줄에 있는 직사각형 4개는 1+2+3+4라 놓고 세로의 개수와 가로의 개수를 곱하면 (1+2+3)×(1+2+3+4)=60개라는 것을 금방 찾을 수 있다. 그러나 그보다 중요하게 여겨야 할 점은 오류를 줄이기 위한 치밀한 전략 수립을 마련하는 일이다. 그 방법 중의 하나는 직사각형 1개짜리, 2개짜리…의 개수를 찾는 일이다. 이러한 연습을 충분히 하고 나면 이보다 한층 난이도가 높은 최상급 문제에도 도전할 만하다.

A 크고 작은 직사각형의 개수를 구하기 위해 가장 먼저 해야 할 일은 뭘까?

B 몇 가지 모양의 직사각형이 있는지를 알아야 해요.

> 아이가 대답하지 못했을 때에는, 아이가 하고 싶은 방법으로 세도록 한다. 그러나 그 방법이 불편하고 혼란스럽다고 느낄 것이므로, 직사각형의 종류를 먼저 찾아서 그 종류에 맞는 개수를 찾아보도록 지도한다.

A 어떤 모양의 직사각형이 있는지 말해줄래?

B 1개짜리 가장 작은 직사각형, 작은 직사각형 2개로 만들어진 직사각형, 작은 직사각형 3개로 만들어진 직사각형, 작은 직사각형 4개로 만들어진 직사각형, 작은 직사각형 6개로 만들어진 직사각형, 작은 직사각형 8개로 만들어진 직사각형, 작은 직사각형 9개로 만들어진 직사각형, 작은 직사각형 12개로 만들어진 직사각형이 있어요.

A 이제 직사각형의 종류별로 그 개수를 구하는 일만 남았구나.

B 예. 작은 직사각형은 12개, 작은 직사각형 2개로 만들어진 직사각형은 17개, 작은 직사각형 3개로 만들어진 직사각형은 10개, 작은 직사각형 4개로 만들어진 직사각형은 9개, 작은 직사각형 6개로 만들어진 직사각형은 7개, 작은 직사각형 8개로 만들어진 직사각형은 2개, 작은 직사각형 9개로 만들어진 직사각형은 2개, 작은 직사각형 12개로 만들어진 직사각형은 1개… 그래서 모두 60개예요.

> 개수를 셀 때에는 가로 맨 윗줄부터 세어가고, 가로줄을 모두 세고 나면 세로줄을 세어가도록 해야 빠짐없이 셀 수 있다는 점을 각별히 신경 쓰도록 해야 한다.

| 최상급 문제 |

다음 도형에서 크고 작은 직사각형은 모두 몇 개입니까?

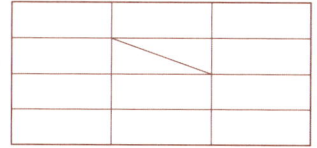

[문제 2] 5학년 1학기 6단원 – 직육면체와 정육면체

직육면체의 전개도를 보고 물음에 답하시오.

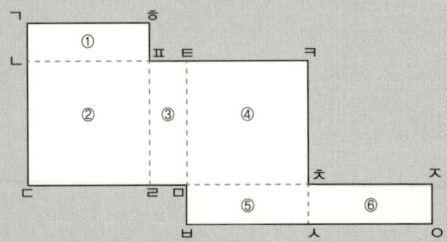

(1) 면 ③과 평형인 면은 어느 것입니까?
(2) 면 ④를 밑면으로 할 때 옆면을 모두 찾으시오.
(3) 전개도로 직육면체를 만들었을 때, 점 ㄷ과 맞닿은 점과, 변 ㄴㄷ과 맞닿은 변을 찾으시오.

    이 단원은 반드시 전개도를 직접 그려보고, 그것을 직육면체로 만들어보아야 한다. 그때 각 꼭짓점에 기호를 붙여놓는다면 어떤 점과 어떤 점이 맞닿는지, 어떤 변과 어떤 변이 맞닿는지를 알 수 있다. 면 사이의 관계도 마찬가지다. 우리가 쉽게 확인할 수 있는 점은 어떤 면과 이웃하고 있는 면들은 서로 직각이라는 점이다. 이웃하고 있는 면을 머릿속으로 접어보면 만나는 꼭짓점과 모서리를 알게 된다.

    다시 한 번 강조하지만, 아이들이 가장 많이 접한 다음과 같은 기본적인 전개도로 위의 문제를 던져주었을 때는 훨씬 쉽게 해결할 것이다. 왜냐하면 가장 많이 보아온 것이기 때문이다. 즉, ③을 중심으로 ②와 ④를 접고, ①, ⑤, ⑥을 점선을 따라 접는다면 각 면과 점이 어떻게 위치하고 있는지를 금방 알 수 있다.

A 면 ③을 그 자리에 놓고, 면 ②와 ④를 접어보고 그 다음에 면 ①을 접어보자.

> 가능하면 머릿속으로 접어보게 한다. 그것이 어렵다면 직접 같은 모양의 전개도를 그려서 확인해봐야 한다.

B 그러면 ②와 ④는 ③과 직각으로 만나는 옆면이 되고, ①은 뚜껑처럼 윗면이 되요.

A 잘했다. 그럼, 어떤 꼭짓점끼리 서로 만나는지도 따져볼 수 있겠구나. 먼저 점 ㅎ과 만다는 점, 점 ㄱ과 만나는 점도 찾아볼 수 있겠니?

B 점 ㅎ과 만나는 점은 바로 옆에 맞닿아 있는 ㅌ이구요, 점 ㄱ과 만나는 점은 ㅋ이에요. 왜냐하면 ②와 ④는 평행인 면인데, 면 ①이 두 면 위를 뚜껑처럼 덮고 있기 때문이에요.

A 훌륭한 설명이다. 그렇다면 면 ④와 ⑤, ⑥을 자세하게 관찰해보자. 면 ⑤를 접는다면 어떻게 될까?

B 면 ⑤는 직각으로 한 번 꺾일 거니까 면 ④의 아랫면이 될 것이고, ⑥은 점선을 따라 직각으로 꺾인 다음 한 번 더 직각으로 꺾일 거니까, 면 ④의 옆면이 되겠네요.

A 자, 이제 (1), (2), (3)의 문제를 스스로 해결해보렴.

B (1)은 면 ⑥이고, (2)는 평행인 면을 제외하면 모두 옆면이니까, 면 ①, ③, ⑤, ⑥이 답이에요. (3)은 점 ㄷ과 맞닿은 점은 ㅅ, 변 ㄴㄷ과 맞닿은 변은 ㅅㅇ이에요.

[문제 3] 6학년 1학기 3단원 – 각기둥과 각뿔

다음 그림은 사각뿔의 전개도입니다. 물음에 답하시오.

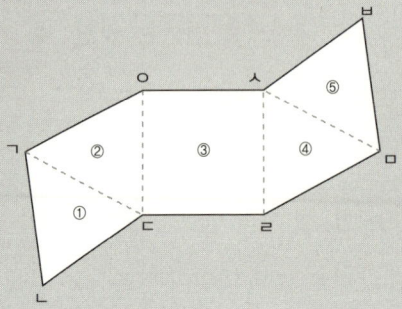

(1) 선분 ㄱㅇ과 맞닿는 선분을 찾으시오.
(2) 점 ㄴ과 맞닿는 점을 찾으시오.
(3) (꼭짓점의 수) + (모서리의 수) + (면의 수)는 얼마입니까?

앞의 문제와 유사하다. 앞의 문제가 직육면체, 즉 각기둥과 관련된 문제라면 위의 것은 각뿔에 해당된다. 각뿔은 밑면의 모양이 각뿔의 이름을 결정짓는다. 즉 밑면의 모양이 삼각형이라면 삼각뿔이 되고, 밑면의 모양이 오각형이라면 오각뿔이 된다. 특이한 것은 옆면이 삼각형이어야 한다는 점이다. 옆면이 삼각형이 되지 않으면 '각뿔의 꼭짓점'이 생길 수가 없기 때문이다.

어쨌든, 위와 같은 문제가 보이자마자 사각뿔이 머릿속에 떠올라야 한다. 전개도를 보고 완성된 입체도형을 떠올려야 한다. 직육면체보다는 훨씬 쉬울 것이다. 밑변은 오직 1개뿐이고, 나머지는 모두 옆면인데다가, 옆면이 밑변과 어떻게 만나고 있는지를 한눈에 파악할 수 있기 때문이다.

A 밑면 ③을 아래에 놓고, 점선을 따라 머릿속으로 접어보자. 점 ㅇ과 점 ㄹ은 어떤 점들과 만나겠니?

B 점 ㅂ과 점 ㄴ이요.

A 그럼, 선분 ㄱㅇ과 맞닿는 선분은 어떤 선분일까?

B 선분 ㅂㅁ이요. 면 ②와 면 ⑤가 이웃하고 있어요.

A 잘했다. 이제 눈을 감아보아라. 그리고 머릿속으로 사각뿔을 그려보렴. 되었다면 (3)의 문제를 해결해보자.

B 꼭짓점 수는 밑면에 4개와 각뿔의 꼭짓점 1개로 모두 5개, 모서리 수는 밑면에 4개와 옆면에 4개로 모두 8개, 면의 수는 밑면 1개와 옆면 4개로 모두 5개니까 전부 합하면 5+8+5=18개예요.

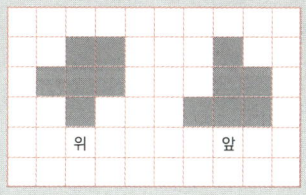

n각뿔의 모서리의 수=n×2
n각뿔의 꼭짓점의 수=n+1
n각뿔의 면의 수=n+1

[문제 4] 6학년 1학기 4단원 – 여러 가지 입체도형

오른쪽 그림은 크기가 같은 쌓기나무를 쌓아 놓고 위와 앞에서 본 모양을 나타낸 것입니다. 이때, 쌓기나무는 최대 몇 개, 최소 몇 개 필요합니까?

앞서 말한 대로 위와 같은 문제는 구체적인 조작 활동을 통해 도형에 대한 감각을 가지고 있다면 쉽게 해결할 수 있다. 공간지각능력을 갖고 있는 아이들은 위의 그림만 보고도 옆에서 본 모양을 그릴 수 있을 것이다. 옆에서 보았을 때 맨 왼쪽 줄(앞에서 보았을 때 맨 앞 줄)에는 쌓기나무 한 개가 놓여 있고, 앞에서 보았을 때 맨 왼쪽에도 1개의 쌓기나무가 있다는 것을 금방 발견할 수 있을 것이다.

A 먼저 (위)에서 본 모양에 다음처럼 기호를 붙여놓자. 설명하기 쉽게 하기 위해서 말이야.

> 앞에서 본 모양과 위에서 본 모양을 번갈아가며 살핀 다음, 위의 빈 칸에 쌓기나무의 개수를 적어보자.

	(나) 3	(다) 2
(가) 1	(라) 3	(마) 2
	(바) 3	

최대로 쌓았을 때

	(나) 1	(다) 1
(가) 1	(라) 3	(마) 2
	(바) 1	

최소로 쌓았을 때

자, 가장 확실하게 알 수 있는 곳은 어디니?

B (가)요. (위)만으로는 몇 층으로 쌓여있는지 알 수 없었는데, (앞)을 보니까 1층이라는 것을 알 수 있었어요. (가)는 반드시 1개가 있어요.

A 대단한 발견이다. 양쪽 그림의 (가)에다 각각 '1'이라고 쓰자. 그다음, (앞)의 가운데 줄과 (위)의 가운데 줄을 동시에 살펴볼 차례다.

B (앞)에서는 3층으로 되어 있는데, (위)의 어느 곳이 3층까지 쌓여있는지 알 수가 없어요.

A 그래서 〈최대〉와 〈최소〉가 나온 거다. 〈최대〉가 되기 위해서는 모두 3층으로 쌓여 있으면 되잖아. 그렇다면 〈최소〉가 되기 위해서는 어떻게 쌓여 있어야 할까?

B 한 곳만 3층이고, 나머지는 1층씩만 쌓여 있어야 해요. 그러니까, 〈최대〉가 되기 위해서는 (나), (라), (바)에 3개씩 각각 쌓여 있어야 하고, 〈최소〉가 되기 위해서는 세 군데 중에 두 군데는 1개씩만, 한군데는 3개가 쌓여 있어야 하네요.

A 잘했다. 이제 (다)와 (마)에도 몇 개씩 있는지 알 수 있겠구나.

B 예. 〈최대〉가 되기 위해서는 (다)와 (마)에 2개씩 쌓여 있어야 하고, 〈최소〉가 되기 위해서는 한 곳에는 2개, 다른 한 곳에는 1개만 있으면 되겠네요.

A 〈최대로 쌓았을 때〉와 〈최소로 쌓았을 때〉의 개수가 각각 몇 개인지 계산해보자.

> 〈최소로 쌓았을 때〉 그림에서, (나)나 (바)가 3개씩이고 (라)가 1개일 수도 있다.
> 또, (다)가 2개이고 (마)가 1개일 수도 있다.

B 〈최대로 쌓았을 때〉는 (가)에 1개, (나), (라), (바)에 3개씩, 그리고 (다), (마)에 2개씩 쌓아야 하므로 14개가 필요하고, 〈최소로 쌓았을 때〉는 (가)에 1개, (나), (라), (바) 중에 한 곳만 3개 두 곳은 1개씩, 그리고 (다), (마)에도 2개, 1개를 쌓아야 하므로 모두 9개가 필요해요.

이렇게 감각을 키워가는 일이 일차적으로 중요하다. 하지만 그런 감각을 아직도 갖지 못하고 있다면, 이 장에서 설명했던 방법으로 문제를 해결해보도록 한다. 그럼에도 불구하고 이해에 어려움을 느낀다면, 좀 더 난이도가 낮으면서 위의 문제와 해결 과정이 반대인 다음과 같은 문제를 우선적으로 다뤄보는 것도 좋을 것이다.

| 비슷한 유형의 문제 |

오른쪽 그림은 쌓기나무를 쌓아 만든 모양을 위해서 내려다본 그림입니다. 각 칸에 있는 숫자는 그 칸 위에 쌓아올린 쌓기나무의 개수입니다. 이 모양의 앞과 옆에서 본 모양을 그려 보시오.

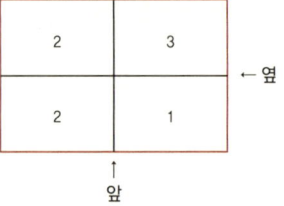

개념
07

정의를 내려라
도형의 개념과 성질

수, 덧셈, 뺄셈과 같은 개념들은 취학 전부터 익숙하게 들어본 것들이기에, 수와 연산 영역의 경우에는 개념에 대한 이해가 빠르다. 그러나 도형 영역의 경우에는 그렇지 않다. 어렸을 때부터 블록, 쌓기나무 등의 입체도형을 가지고 다양한 활동을 했으나, 그 도형의 이름이나 도형이 갖고 있는 것들의 명칭에 대해서는 거의 들은 바가 없을 것이다. 그도 그럴 것이 이제 서너 살짜리 아이에게 공을 가지고 놀게 하면서, '이 공과 같은 입체도형을 구라고 부른단다'라고 설명한다는 것은 아무 의미가 없지 않은가.

결국 초등수학을 공부하면서 생소한 개념들을 처음 접하게 되는 셈이다. 그렇기 때문에 한두 번 듣고 그 개념을 완벽하게 이해하기란 쉽지 않다. 개념의 정의를 내리기는 더욱 더 어려운 일이다.

'굳이 정의를 내릴 필요가 뭐가 있어, 개념이 가리키는 것이 무엇인지만 알면 되지 않나?'라고 반문할지 모르겠다. 그러나 전혀 그렇지 않다. 수학에서 사용하고 있는 용어, 즉 개념들은 중요한 의미를 지니고 있다. 그 개념들은 다양한 무리(群)를 대표하는 대표성을 지닌다. 예를 들면, '삼각형'은 우리 주변에 있는 삼각형과 같은 모양을 가진 것들 중, 공통된 속성(세 변과 세 각으로 이루어짐)을 뽑아서 붙인 이름이다. 실제의 것들로부터 추출되었기 때문에 '삼각형'이라는 개념은 추상성을 지닌다.

대표성과 추상성을 지니고 있는 이러한 개념들 중에는 소위 '약속'된 개념들도 있다. '변', '꼭짓점', '각', '면', '모서리' 등과 같은 것들이다. 이러한 개념들의 속성을 살피거나 따져보는 일은 매우 논리적인 활동이 된다. 즉 논리적인 사고능력을 향상시킬 수 있다는 말이다. 개념들에 대한 정의를 내려봄으로써, 분류하기, 서술하기, 평가하기 등의 고차원적인 사고 조작 활동을 할 수 있기 때문이다. 그러나 저학년이나 처음으로 어떤 개념을 접하는 아이들이 한 가지 유의해야 할 점이 있다. 도형 영역을 학습할 때에는 우선 '따라하기'에 전념해야 한다는 것. 선분, 원, 겨냥도, 전개도, 선대칭도형, 점대칭도형 등 정확한 그리기가 필수적이다. 방금 말한 개념들의 정의는 유일무이하기 때문에 다른 형태로 나타날 수 없다. 오직 정의대로 따라하는 노력을 기울여야 한다. 그러면 자연스럽게 도형을 자세하게 관찰할 수 있게 될 것이다. 그래야만 매 단원 새롭게 등장하는 개념을 받아들일 수 있다.

도형을 따라하고, 자세하게 관찰

> 2학년 1학기 3단원(여러 가지 모양)에 처음으로 '선분', '직선', '꼭짓점', '변', '원' 등이 새로운 개념으로 등장하는데, 이런 개념들을 아이들 입으로 계속해서 표현하도록 해야 한다. 즉 말을 시키라는 뜻이다. 그래야 이러한 개념들이 자연스럽게 표출되기 때문이다.

하면서 개념을 충분히 익히는 과정에서 도형의 성질을 발견하게 된다. 모든 사각형은 '네 변과 네 각이 있다', '4개의 꼭짓점이 있다', 모든 직육면체는 '6개의 면으로 둘러싸여 있다', '각 면은 모두 직각으로 만나고 있다', '8개의 꼭짓점이 있다', '12개의 모서리가 있다'라는 것을 말이다.

아직도 이러한 도형의 성질을 머리 싸매며 외우게 하는 어른들이 보인다. 도형의 성질을 외우게만 한다면, 4학년 2학기 4단원(사각형과 다각형)에서 등장하는 개념들을 성질에 따라 분류하기가 어려울 것이다. 정의내리기를 통한, 보다 고차원적이고 논리적인 사고능력을 키울 기회가 없었기 때문이다.

자, 이제 여러분도 다음의 개념들을 의미가 큰 개념부터 분류해보라. 또 왜 그렇게 분류했는지 이유도 설명해보라.

| 정사각형 | 직사각형 | 마름모 | 사다리꼴 | 평행사변형 |

생각해보았는가. 만약 어려웠다면 다음의 각 개념들의 정의를 보면서 다시 한 번 생각해보길 바란다.

정사각형	모든 변이 합동인 직사각형
직사각형	직각을 가진 평행사변형
마름모	모든 변이 합동인 평행사변형
평행사변형	맞은편 변들의 각 쌍이 평행인 사각형
사다리꼴	적어도 한 쌍의 평행인 변을 가진 사각형

위와 같은 정의에 의해 사다리꼴 〉 평행사변형 〉 직사각형 〉 정사각형 또

는 사다리꼴 〉 평행사변형 〉 마름모 〉 정사각형
의 포함관계가 성립됨을 알 수 있다.

> 주의해야 할 점은 직사각형과 마름모는 포함 관계가 성립되지 않는다는 점이다.

　자세한 관찰을 통한 정의 내리기 연습은 다음과 같은 규칙을 발견하는 데도 한 몫을 한다. 직사각형은 네 각이 모두 90도라는 특징을 가지고 있다는 것을 발견했다고 하자. 즉 직사각형의 내각의 합이 360도라는 것을 알게 될 것이다. 그렇다면 삼각형의 내각의 합이 180도라는 것을 추리할 수 있을 것이다. 직사각형의 절반이 삼각형이니까 말이다. 오각형, 육각형…의 내각의 합은 삼각형과 사각형의 관계를 통해 다음과 같이 얼마든지 추리가 가능할 것이다. 사각형의 내각의 합인 360도는 「삼각형의 내각의 합×2」, 혹시 오각형은 「삼각형의 내각의 합×3」, 육각형은 「삼각형의 내각의 합×4」처럼 말이다.

엄마와 함께 풀어보아요!

도형의 성질과 특징을 흐릿하게 아는 것은 의미가 없다. 정확하게 표현하도록 해야 한다. 그래야 고학년이 될수록 어려워지는 응용문제에 대한 해결력이 길러진다.

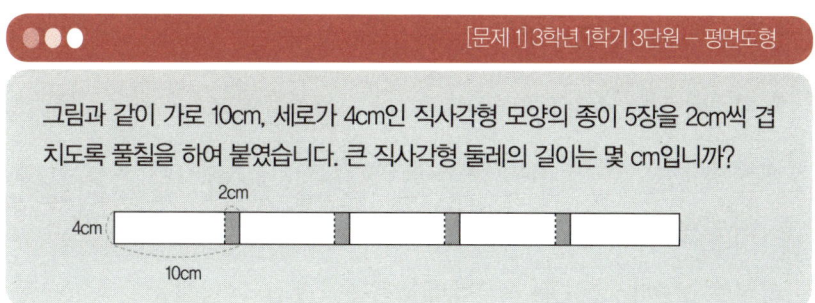

[문제 1] 3학년 1학기 3단원 – 평면도형

그림과 같이 가로 10cm, 세로가 4cm인 직사각형 모양의 종이 5장을 2cm씩 겹치도록 풀칠을 하여 붙였습니다. 큰 직사각형 둘레의 길이는 몇 cm입니까?

위와 같은 문제는 그림을 직접 보여줄 수도 있지만, 그림을 생략하고 문제만 제시되는 경우도 있다. 그렇다면 아이가 문제를 보고, 그림을 그려볼 수 있도록 유도해야 한다. 그림을 본다는 것은 문제의 요지를 쉽게 파악할 수 있다는 의미이기 때문에, 그만큼 해결이 쉬워진다.

이 문제는 3학년용으로 출제되어 있긴 하지만, 4학년의 〈평면도형의 둘레와 넓이〉 단원에서도 볼 수 있다. 2학년의 〈길이재기〉 단원에서는 다음과 같은 형태로 출제되기도 한다(복잡성만 다를 뿐 해결방법은 동일하다).

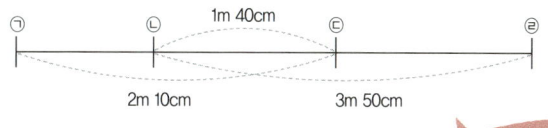

㉠에서 ㉣까지의 길이를 구하시오.

> 직사각형의 모양이 겹쳐진 그림은 규칙성과 문제해결 영역에서도 흔하게 접할 수 있는 형태이기 때문에, 다각적인 측면에서 해결 방법을 찾아보는 것이 좋다.

A 직사각형의 둘레를 구하기 위해서 알아야 할 것이 뭘까?

B 가로와 세로의 길이요.

> 가로와 세로의 개념을 배우지 않았기 때문에, 가로와 세로를 가리키며 '이것과 이것의 길이요'라고 해도 좋다.

A 세로의 길이는 이미 나와 있구나. 모두 몇 cm니?

B 4cm가 두 군데 있으니까, 8cm예요.

A 이제 가로의 길이만 알면 되는데, 쉽게 알 수 있는 방법이 없을까?

B 처음에 있는 종이가 10cm이고, 나머지 4장은 모두 8cm예요. 그래서 10+8+8+8+8=42cm예요.

> 이런 대답을 하지 못한다면, 종이를 잘라 그림과 같이 붙여보는 활동을 통해 원리를 이해할 수 있도록 반드시 지도해야 한다. 그래야만 가로의 길이가 10×5(겹치지 않고 늘어놓았을 때의 길이)−2×4(겹친 곳의 길이) = 42라는 것을 이해할 수 있다.

A 정말 잘했다. 그럼 큰 직사각형의 둘레를 구할 수 있겠구나.

B 예. 가로의 길이는 42+42이고 세로의 길이는 4+4이니까, 42+42+4+4= 92cm예요.

[문제 2] 3학년 2학기 3단원 – 원

다음은 반지름이 6cm인 똑같은 원을 원의 중심을 지나도록 겹쳐서 그린 것입니다. 원은 모두 몇 개입니까?

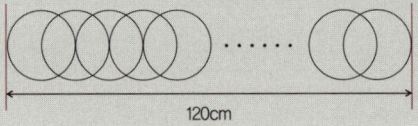

120cm

A 원 한 개에는 6cm인 반지름이 몇 개가 있니?

B 2개요.

A 그럼, 원 2개, 3개, 4개…에는 반지름이 몇 개가 있지?

B 원 2개에는 반지름이 3개, 원 3개에는 반지름이 4개, 원 4개에는 5개…가 있어요.

A 원의 개수와 반지름의 개수 사이에 어떤 규칙을 발견하지 못했니?

B 원의 개수보다 반지름의 개수가 하나 더 많아요.

A 그럼, 120cm 안에 반지름이 몇 개 있는지만 알면 원의 개수를 구할 수 있겠구나.

B 아, 반지름의 개수를 구할 수 있을 것 같아요. 6cm인 반지름이 여러 개 모여서 120cm가 되었으니까, 120÷6=20. 반지름의 개수는 20개에요. 이제 원의 개수도 알 수 있어요. 원의 개수는 반지름의 개수보다 1개가 적으니까, 19개예요.

위의 문제는 다음과 같은 기본적인 유형의 문제보다 한 차원 높은 수준을 보여준다. 아래 문제가 반지름의 길이를 따진 후, 반지름의 개수만큼 곱하면 답을 얻을 수 있는 반면, 위의 문제는 반지름과 원의 개수와 관계를 묻고 있다. 규칙성과 문제해결 영역에서도 충분히 출제될 만한 문제이며, '표'를 통한 문제해결 방법을 제시해도 좋을 것이다.

| 비슷한 유형의 문제 |

다음 그림에서 선분 ㉠㉡의 길이는 몇 cm입니까?

[문제 3] 4학년 2학기 4단원 – 사각형과 다각형

오른쪽 그림과 같이 직사각형 모양의 종이를 접었을 때, ㉮는 몇 도입니까?

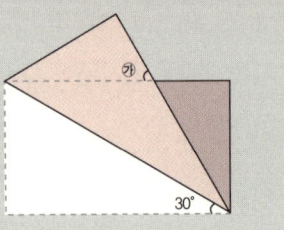

설명을 쉽게 하기 위해, 위의 그림에 다음과 같이 몇 개의 기호를 써넣도록 하겠다.

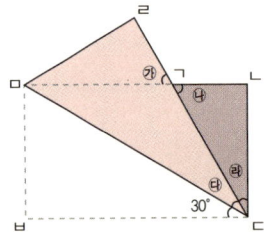

위의 문제는 직사각형과 삼각형의 성질을 이해했는지에 대한 물음뿐만 아니라, 측정 영역인 각의 성질을 이해했는지의 여부도 묻고 있다. 두 단원의 개념을 섞어 문제의 난이도를 더하고 있다. 또한 이 그림을 그대로 둔 상태에서, 가로와 세로의 길이를 제시한 후, 삼각형 ㄷㄹㅁ의 넓이나 삼각형 ㄱㄴㄷ의 넓이를 구하라는 문제를 제시할 수도 있고, 각 ㉮뿐만 아니라 ㉯를 구하라고 할 수도 있다.

어쨌든 다각적으로 활용할 수 있는 그림이라는 것만은 분명하다. 이 문제에서 빼놓을 수 없는 단서는 각 ㉰이다. 바로 아래에 있는 30도만큼을 그대로 접었으니, 각 ㉰도 30도라는 것을 발견해야만 이 문제가 해결되기 때문이다.

A 각 ㉰가 몇 도인지 알겠니?

B 30도요.

A 잘 찾았다. 그러면 각 ㉱와 ㉯도 몇 도인지 알 수 있겠구나.

> 만약 30도라는 것을 발견하지 못한다면, 직사각형 모양의 종이를 칠판에 대고 그 대로 따라 그린 후, 위의 그림처럼 접어 본다.

B 각 ㄴㄷㅂ은 90도이니까, 각 ㉱는 90도-30도-30도=30도예요. 삼각형 ㄱㄴㄷ의 내각의 합은 180도인데 각 ㉱가 30도, 각 ㄱㄴㄷ은 90도이므로, 각 ㉯는 180도-30도-90도=60도예요.

A 그럼 각 ㉮는 몇 도일까?

B 각 ㉮는 ㉯와 같으니깐 60도예요.

> 각 ㉮와 ㉯는 맞꼭지각으로 같다. 이 개념을 이해하지 못했을 때에는, 연필이나 막대 2개를 이용하여 맞꼭지각의 크기가 같다는 것을 증명해준다.

평행의 개념을 배운 아이라면 평행을 이용하여 문제를 해결할 수도 있다. 다른 선분들은 없고, 오직 선분 ㅁㄴ, ㅂㄷ, ㄹㄷ만 있다고 가정해보자. 그러면 선분 ㅁㄴ, ㅂㄷ은 서로 평행이기 때문에, 「각 30도+각 ㉰」는 각 ㉮와 같음을 알 수 있다. 이 방법은 각 ㉱와 ㉯를 굳이 구하지 않더라도 쉽게 해결할 수 있다.

[문제 4] 5학년 2학기 4단원 – 도형의 합동

삼각형 ㄱㄴㄷ과 삼각형 ㄹㅁㅂ은 서로 합동인 이등변삼각형입니다. 색칠한 부분의 넓이를 구하시오.

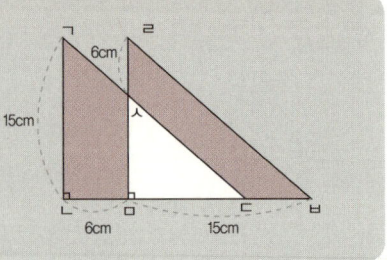

위 문제는 이등변삼각형의 성질을 이해했는가, 삼각형의 넓이를 구하는 방법을 알고 있는가를 동시에 묻고 있다. 또한 주어진 도형의 특징을 살필 수 있는 눈이 있는가도 묻고 있다. 즉 색칠되지 않은 삼각형은 두 이등변삼각형의 공통 부분이라는 점을 발견하기를 요구하고 있다. 바꿔 말하면, 양쪽의 색칠된 사다리꼴의 넓이는 같다는 것을 찾아내야만 문제를 해결할 수 있다. 이를 그림으로 나타내면 다음과 같다.

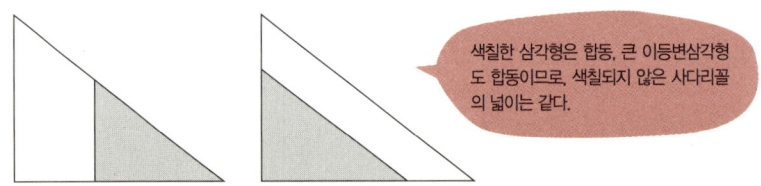

색칠한 삼각형은 합동, 큰 이등변삼각형도 합동이므로, 색칠되지 않은 사다리꼴의 넓이는 같다.

문제 4 또한 5학년의 평면도형의 둘레와 넓이 단원에서도 빠짐없이 출제되고 있는 유형이다. 설명하기 쉽게 삼각형 ㄱㄴㄷ은 ㉮, 삼각형 ㄹㅁㅂ은 ㉯, 삼각형 ㅅㅁㄷ은 ㉰라고 하자.

A 색칠된 두 사다리꼴의 넓이를 구할 수 있겠니?

B 왼쪽의 사다리꼴 넓이는 구할 수 있어요. 넓이는 「(윗변+아랫변)×높이÷2」인데, 윗변이 15-6=9cm, 아랫변이 15cm, 높이가 6cm이므로 (9+15)×6÷2=72cm²예요. 그런데 오른쪽에 있는 사다리꼴의 넓이는 구하기 어려워요.

A 네 말이 맞다. 왼쪽 사다리꼴의 넓이는 구할 수 있지만, 오른쪽은 구할 수가 없어. 그렇다면 다른 방법을 찾아야만 할 것 같은데… 삼각형 ㉮과 ㉯는 그 넓이가 같은데, 이유가 뭘까?

B 두 삼각형이 합동이기 때문이에요. 합동이라는 것은 두 도형을 겹쳤을 때, 완전히 겹쳐져야 한다는 뜻이니 당연히 넓이가 같아요.

A 아주 훌륭한 대답이다. 이제 거의 문제가 해결된 느낌이 드는구나. 삼각형 ㉯는 두 삼각형의 공통된 부분이잖니?

B 아, 그렇구나. 색칠된 두 사다리꼴의 넓이가 같네요. 두 이등변삼각형에서 공통된 부분을 각각 잘라낸다고 해도 그 나머지는 같게 되요… 색칠된 부분은 「왼쪽 사다리꼴의 넓이×2=144cm²」예요.

개념
08

묶어야 보인다
규칙 찾기

도형은 논리적인 사고능력을 확장시키는 데 기여하기도 하지만, 우리 삶과 직결되어 있기 때문에 그 가치가 매우 크다고 할 수 있다. 앞으로의 수학 교육이 실생활과의 관련성을 강조하는 방향으로 나아갈 것이 분명하므로, 도형을 통한 논리적인 사고능력과 실생활에 대한 적용능력은 반드시 길러야 할 시대적 요청이다.

수학 교육의 방향을 가늠할 수 있는 2010년도 교육청 영재교육원 평가를 살펴보면, 영재성 검사 18문항 중 창의성 영역과 지적능력 영역이 각각 50% 비율을 차지했는데 일반 창의성과 언어 사고력 유형 7~8문제, 수학 창의성과 수리 및 공간지각능력 유형 7~8문제, 과학 창의성 유형 2~3문제가 출제됐다. 그중에 수학은 수학적 창의성을 요하는 문항과 수와 연산 및 도형과 관련한 사고력 유형의 문제가 출제되었다. 특히 도형과 관련된 문제의 경우에는, 주어진 정사각형을 특정 모양으로 자르는 방법을 묻는 문제, 마방진과 같이 조건에 맞는 수를 채워 넣는 문제와 같은 사고력을 묻는 문제로 출제되고 있다. 다음과 같은 문제들이 그러한 유형이라 볼 수 있다.

오른쪽에 수는 가로줄의 도형이 나타내는 숫자의 합을, 아래쪽에 수는 세로줄의 도형이 나타내는 숫자의 합입니다. (가)를 구하시오.

☆	♦	♦	♦	29
♥	♦	◉	◉	
☆	☆	♥	♥	24
☆	♥	◉	♦	(가)
28	37			

각 도형이 갖고 있는 의미를 찾아야만 하는 문제인데, 아이가 스스로 실마리를 풀 수 있는 단서를 찾는 노력이 필요하다. 위의 문제에서 가장 확실한 단서는 셋째 줄에 있다. ☆+☆+♥+♥=24에서, ☆+♥=12라는 것을 발견해야 한다. 두 번째로 발견해야 하는 단서는 방금 찾았던 ☆+♥=12를 활용할 수 있는 것이어야 한다. ☆과 ♥가 있는 맨 왼쪽에 위치한 세로줄이 두 번째 단서이다. ☆+♥+☆+☆=28에서 ☆+♥=12이므로 ☆+☆=16이고, ☆은 8이다. 이와 같은 방법으로 (가)를 찾아가야 한다.

테셀레이션(tessllation)은 실생활과 직접적으로 관련 있는 도형 영역이다. 동일한 도형을 이용하여 주어진 공간을 겹쳐지는 부분 없이 빈틈없이 채워 넣는 활동은 화장실의 타일이나, 인도의 바닥, 전통문양, 벽면에 있는 벽지 등에서 볼 수 있는 것들과 그 궤를 같이 하고 있다. 더욱 흥미로운 것은 주어진 도형을 어떻게 구성하느냐에 따라 전체 그림은 천의 얼굴을 갖게 된다는 점이다. 주어진 도형을 옮기기, 돌리기, 뒤집기 등의 규칙적인 변환을 더하면 시간적인 비용을 절감하면서 예술의 극치를 보여줄 수도 있다.

또한 한정된 공간에 이러한 장치를 해야 하므로, 공간을 효율적으로 활용해야만 한다. 그러기 위해서는 공간이 차지하고 있는 넓이가 얼마인지, 주어진 도형의 가로와 세로 길이는 얼마인지를 따져야 한다. 시간·경제적 비용을 줄여야 하기 때문이다. 즉 도형에 대한 이러한 흥미로운 학습을 '넓이'라는 측정 영역과 연계한다면, 그 효과는 기대 이상일 것이라 확신한다.

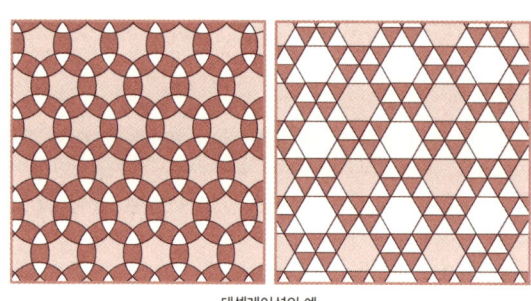

테셀레이션의 예

초등수학에서 '도형'의 활용은 여기서 멈추지 않는다. 도형을 통한 분류하기, 규칙찾기는 어떤 단원에서도 문제화할 수 있는 분야이다. 도형의 분류는 기준이 중요한데, 기준을 어떻게 정하느냐에 따라 집합이 달라진다. 저학년의 경우에는 아이 스스로 기준을 정해보도록 하고, 그 기준에 따라 분류해보도록 하는 것이 좋다. 문제에서 주어져 있는 기준 외에도, 가능하면 여러 가지 기준을 마련해보게 하자. 창의성을 길러주는 좋은 학습법이기 때문이다.

규칙은 반복된 부분의 연속이라고 할 수 있다. 중요한 것은 반복되고 있는 패턴을 발견하는 일인데, 기준을 어떻게 설정하느냐에 따라 반복된 부분이 달라질 수 있다. 이 때문에 엄격한 기준이 필요하다. 문제를 통해 좀 더 구체적으로 살펴보자.

> 규칙에 맞게 바둑돌을 늘어놓은 것입니다. 빈 곳에 알맞게 바둑돌을 그려보시오.
>
> ● ●● ●●●● ☐

여러분은 이 문제의 답이 무엇이라 생각하는가? 결론부터 말하자면 답은 여러 개이다. 기준이 무엇이냐에 따라 달라진다는 말이다. 뒤의 바둑돌이 앞의 바둑돌 개수의 2배라고 한다면, 빈 칸에는 8개의 바둑돌이 그려져야 한다. 그러나 뒤의 바둑돌이 앞의 것보다 각각 1개, 2개씩 반복적으로 많아지다고 보면 빈 칸에는 7개의 바둑돌이 그려져야 한다.

> 이 정도 생각으로만 그쳐서는 창의적인 훈련을 했다고 볼 수 없다. 만약 빈 칸에 바둑돌 1개만 들어갈 수 있다고 한다면 어떤 기준에 의거한 것일까? 셋째 번 바둑돌까지를 한 묶음으로 본다면, 넷째 번부터 여섯째 번까지는 앞의 묶음과 같은 형태가 반복될 것이다.

위와 같은 규칙찾기는 논리적이고 창의적인 사고를 근간으로 하고 있기 때문에, 사고력 향상을 위한 좋은 재료가 된다. 이러한 이론적 신념을 바탕으로 규칙찾기를 보다 흥미롭게 공부하도록 하자. 오직 한 길만이 있는 게 아닌데 그 길만 길이라 여긴다면, 그것은 머지않아 길이 아닐 것이다.

엄마와 함께 풀어보아요!

규칙찾기 문제는 규칙성을 발견하지 못하면 절대 해결할 수 없다. 규칙성을 발견하기 위한 한 가지 방법은 '묶는 일'이다. 어떻게 묶을 것인가에 대한 방법찾기가 핵심이다.

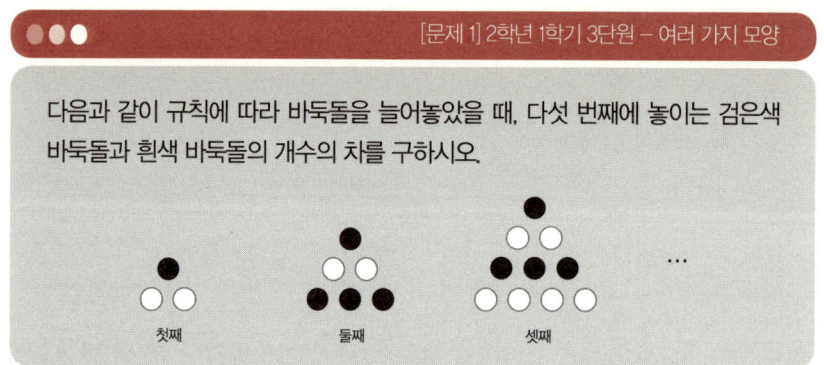

[문제 1] 2학년 1학기 3단원 – 여러 가지 모양

다음과 같이 규칙에 따라 바둑돌을 늘어놓았을 때, 다섯 번째에 놓이는 검은색 바둑돌과 흰색 바둑돌의 개수의 차를 구하시오.

첫째   둘째   셋째

많이 본 문제일 것이다. 규칙성과 문제해결 영역에서도 위와 같은 유형의 문제를 볼 수 있고, 학년에 상관없이 비슷한 유형의 문제가 보인다. 문제해결 방법도 다양하다. 그러나 그 방법을 적용할 때에는 학년의 교육 과정, 아이의 수준을 따져 지도하는 것이 중요하다. 2학년 수준에서의 일반적인 방법은 다섯 번째의 바둑돌 배열을 직접 그려보게 하는 것이다. 규칙을 따라하는 과정인 셈이다.

그러나 전략을 통한 문제해결을 원한다면, 또는 아이의 수준이 그런 전략을 어느 정도 이해하고 받아들일 수 있는 정도라면, 규칙을 일반화시키는 노력을 기울여볼 만하다. 규칙성을 발견하게 된다면 다섯 번째가 아니라 20번째, 100번째에 위치한 바둑돌 수의 차도 구할 수 있다.

A 첫째, 둘째, 셋째 번에는 각각 몇 줄씩 있니?

B 첫째 번에는 두 줄, 둘째 번에는 세 줄, 셋째 번에는 네 줄이 있어요.

A 그럼 다섯 번째에는 몇 줄이 있을까? 또 바둑돌은 어떻게 놓여 있을까?

B 여섯 줄이 있어요. 바둑돌은 맨 윗줄이 검은색 한 개, 둘째 줄은 흰색 두 개, 셋째 줄은 검은색 3개, 넷째 줄은 흰색 4개, 다섯째 줄은 검은색 5개, 여섯째 줄은 흰색 6개가 있어요.

> 바둑돌이 놓인 규칙을 이해하기 위해 일곱째 줄 … 열째 줄…을 물어볼 수도 있다.

A 잘했다. 이번에는 규칙적으로 뛰어세기를 해보자. 둘째와 넷째 번을 뛰어 첫째 번, 셋째 번, 다섯째 번에 있는 바둑돌을 생각해보자. 맨 윗줄부터 두 줄씩 묶어볼까?

B 예.

A 첫째 번과 셋째 번에는 각각 흰색과 검은색이 몇 개 차이가 나니?

B 첫째 번에는 1개, 셋째 번에는 2개 차이가 나요.

A 그럼 다섯 번째에는 몇 개가 차이가 날까?

B 3개요. 그럼 일곱 번째에는 4개가 차이나겠네요.

A 그럼 열 번째에는 바둑돌이 몇 개 차이가 나는지 알아볼까?

> 홀수 번에서는 묶음 수만 알면 묶음 수만큼의 차이가 난다는 것을 알 수 있다. 즉 아홉 번째에는 10줄이 있을 테니 5묶음이 만들어져 5개 차이가 날 것이고, 99번째에는 100줄이 있을 테니 모두 50묶음이 만들어져 50개의 차이가 날 것이다.

[문제 2] 3학년 1학기 3단원 – 평면도형

한 변의 길이가 5cm인 정사각형을 그림과 같이 규칙대로 늘어놓았습니다. 다섯째에 놓인 모양의 둘레 길이는 몇 cm입니까?

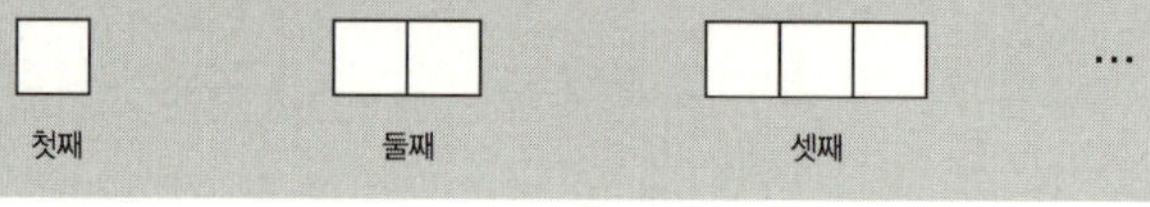

첫째   둘째   셋째   …

'다섯째에 놓인'이라는 말을 '100째에 놓인'이라는 말로 바꿔 놓으면 엄청나게 어려운 문제로 인식한다. 그러나 도형에 대한 세밀한 관찰을 통해 규칙성만 추출해낼 수 있다면 결코 어렵다고 얘기할 수 없다.

어떤 풀이법에는 이런 유형의 문제를 정사각형의 개수와 변의 개수와 관계를 따져 풀어보도록 요구하고 있다. 즉, 첫째 번에는 사각형 1개에 변의 개수는 4개, 둘째 번에는 사각형 2개에 변의 개수는 6개, 셋째 번에는 사각형 3개에 변의 개수는 8개…와 같은 방식이다. 그러나 이 방식은 3학년 아이들이 쉽게 받아들이기 어렵다. 사각형의 개수와 변의 개수와의 관련성을 찾을 수는 있겠으나, 일반화시키기가 쉽지 않다. 왜냐하면 사각형이 1개일 때에는 그 차이가 3개, 사각형이 2개일 때에는 4개, 사각형이 3개일 때에는 8개…와 같이, 둘 사이의 관계가 통일되어 있지 않기 때문이다. 그래서 좀 더 쉬운 방법을 택하기로 한다. 직(정)사각형의 성질을 이용하는 것이다.

A 정사각형의 특징을 아는 대로 말해보렴.
B 네 각의 크기가 같고, 네 변의 길이가 같다.
A 좋아. 그 말은 위와 아래에 있는 변의 길이

> 이 말은 위와 아래 변의 길이가 같고, 양옆의 변의 길이가 같다고도 말할 수 있다.

가 같고, 양옆의 변의 길이가 같다는 말이구나.

B 예.

A 그럼, 첫째 번, 둘째 번, 셋째 번에 있는 윗변의 개수와 양옆 변의 개수의 규칙을 말해보렴.

B 예. 첫째 번부터 셋째 번까지는 양 옆의 변이 각각 1개씩 있고, 위와 아래에 있는 변들은 첫째 번에는 1개, 둘째 번에는 2개, 셋째 번에는 3개씩 있어요.

A 그럼, 다섯째 번에는 어떻게 되어 있을까?

B 다섯째 번에는 양옆의 변은 각각 1개씩 있을 거고, 위와 아래에 있는 변은 각각 5개씩 있을 거예요.

A 잘했어. 이제 다섯째 번에 있는 직사각형의 둘레 길이를 구할 수 있겠지?

B 위에 있는 변에는 5cm가 5개 있으니까 5×5=25cm이고, 아래에도 똑같은 크기가 있으니깐 25cm×2=50cm예요. 양옆에 있는 변은 5cm가 2개 있으니 5cm×2=10이고요. 그래서 둘레의 길이는 50+10=60cm예요.

[문제 3] 4학년 1학기 8단원 – 규칙찾기

흰색과 검은색 바둑돌을 규칙적으로 늘어놓았습니다. 78째 번에는 어떤 색 바둑돌을 놓아야 합니까?

○○●○○●●○○○●●●○○○○●●●●…

위의 문제는 〈자연수의 나눗셈〉 단원에서도 다뤄본 문제이다. 문제해결 과정 중에 나눗셈을 활용해야 하기 때문이다. 하나의 문제가 여러 영역에서 얼마든지 이용될 수 있다는 것을 보여준다. 또한 유사한 문제로는 바둑돌의 색깔을 묻지 않고, '78째 번까지의 흰색이나 검은색 개수', '78째 번까지 흰색과 검은색의 차'를 묻는 경우도 많다.

문제해결을 시작하자. 먼저, 어떻게 묶을 것인가를 생각해야 한다. 위의 문제는 9개씩 묶어야 한다. 맨 처음부터 아홉째 번까지 한 묶음, 그다음 바둑돌부터 다시 아홉째 번까지 한 묶음…

> 흰색이나 검은색의 개수를 구하는 문제일 경우에는, 규칙적으로 반복되는 부분까지를 묶고, 모두 몇 묶음인지를 따진 후 한 묶음 안에 흰색과 검은색의 개수를 각각 구해 묶음만큼 곱해주면 된다. 나머지는 별도로 계산한다.

A 규칙적으로 반복되도록 묶어보자.

B 이렇게 9개씩 묶으면 되요.

A 바둑돌 78개를 9개씩 묶으면 모두 몇 묶음이 될까?

B 78÷9=8… 6. 8묶음이고 나머지가 6개 있어요.

A 네 말은 다음과 같이 나타낼 수 있겠구나.

(9)(9)(9)(9)(9)(9)(9)(9) ○○●●○○

즉, 9씩 8묶음을 묶고 나면 나머지 6개가 남는데, 그 나머지 6개는 위와 같은 순서대로 나열되어 있겠구나.

B 예. 78째 번 바둑돌은 흰색이에요.

> 이와 같은 그림을 아이에게 직접 그려보게 하는 것이 더 좋다.

> 나머지가 0이면 검은색, 나머지가 1, 2이면 흰색, 나머지가 3, 4면 검은색, 나머지가 5, 6이면 흰색, 나머지가 7, 8이면 검은색이라는 것을 이해시키는 과정도 필요하다.

[문제 4] 5학년 2학기 3단원 – 도형의 합동

한 변의 길이가 2cm인 정삼각형을 다음 그림과 같이 서로 맞닿게 이어서 새로운 도형을 만들었습니다. 이 정삼각형 20개를 이어서 만든 도형의 둘레 길이는 몇 cm입니까?

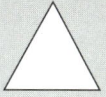 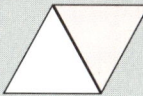 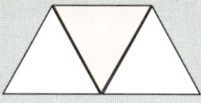 …

위의 문제는 삼각형의 개수와 변의 개수의 관계를 따져, 다음과 같이 나타낼 수 있을 것이다.

삼각형의 개수	1	2	3	4	5	…
변의 개수	3	4	5	6	7	…

그러면 변의 개수는 삼각형의 개수보다 2개 많다는 것을 알 수 있으므로, 정삼각형 20개를 이어 붙였을 때, 변의 개수는 모두 22개이므로 22×2=44cm라고 쉽게 답할 수 있다. 그러나 이 문제는 첫째 번을 제외하고는 홀수 번에는 사다리꼴 모양, 짝수 번에는 평행사변형 모양을 하고 있는 것

을 알 수 있다. 그래서 위와 아래 변을 묶고, 양옆의 변을 묶어 문제를 해결할 수도 있다.

A 첫째 번을 제외하고, 정삼각형 짝수 개로 만든 모양과, 홀수 개로 만든 모양은 어떤 사각형 모양을 하고 있니?

B 짝수 개로 만든 모양은 평행사변형, 홀수 개로 만든 모양은 사다리꼴 모양을 하고 있어요.

A 그럼, 정삼각형 2개, 4개, 6개…로 만들어진 평행사변형 모양의 위와 아래 변은 각각 몇 개씩 있을까?

B 정삼각형이 2개일 때에는 1개, 4개일 때에는 2개, 6개일 때는 3개가 있어요.

> 정삼각형의 개수÷2
> =위 또는 아래 변의 개수

A 이제, 정삼각형이 20개일 때, 위와 아래 변의 개수가 각각 몇 개인지 알겠구나.

B 각각 10개예요. 그리고 좌우에 변이 각각 1개씩 있으니까, 도형 전체의 둘레의 길이는 (10×2)×2+2×2=44cm예요.

개념
09

돌리고, 돌리고
도형의 변환

도형의 변환과 직접적인 관련을 갖고 있는 단원은 3학년 1학기 〈평면도형의 이동〉, 5학년 2학기 〈도형의 대칭〉이다. 6학년 2학기 〈원기둥과 원뿔〉에서는 도형의 변환과는 직접적인 관련성은 없으나 회전체가 등장하며, 다른 단원의 개념과 혼합된 문제에서 얼마든지 볼 수 있기 때문에 긴장감을 늦출 수 없다. 예를 들어, 직각삼각형을 반듯이 놓게 되면 '높이'가 한눈에 파악되지만, 직각삼각형을 45도 회전시켜놓으면 '높이' 찾기가 쉽지 않게 여겨진다. 그러면 직각삼각형의 넓이를 구하지 못할 가능성이 매우 커지게 된다.

어쨌든 도형의 변환은 아이들이 매우 힘들어하는 분야이다. 3학년의 경우에는 도형의 변환 즉, 옮기기, 뒤집기, 돌리기에 대해 처음 학습하기 때문에, 최대한 모눈종이를 활용하는 것이 좋다. 실제로 도형을 변환시켜봄으로써, 변환 후의 모양이 처음 모양과 어떻게 달라졌는지 꼼꼼히 살펴봐야 한다.

그래야 5학년의 〈도형의 대칭〉 단원에서 모눈종이 없이도 '점대칭 도형'이나 '점대칭의 위치에 있는 도형'을 이해하거나 그릴 수 있다. 어쨌든 이런 단원을 처음 학습할 때에는 '똑같이 따라하기'부터 시작해야 한다.

> 이러한 활동을 지속함으로써 도형의 변환에 대한 감각을 키워야 하지만, 변환을 하려는 도형이 워낙 제각각이고 다양하므로, 요령을 터득하도록 도와줘야 한다.

다음 그림을 놓고, 도형의 변환의 요령에 대해 생각해보자.

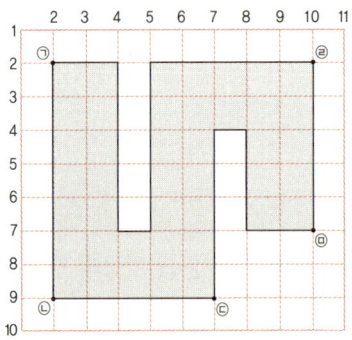

옆의 도형을 '뒤집기'를 한다고 하자. 뒤집기를 할 때에는 좌, 우가 같고, 상, 하가 같다. 노파심에 얘기하지만 '뒤집기'를 한 결과와 '돌리기'를 한 결과를 같다고 설명해서는 안 된다. 전혀 다르다.

오른쪽으로 뒤집기를 해보자. 그 전에 염두에 두어야 할 것은 모눈종이가 전체 판이라고 생각해야 한다는 점이다. 전체 판 위에서 그림만 바뀐다고 생각해보라는 뜻이다. 그렇게 한다면 점 ㄱ(2, 2)은 점 ㄹ(10, 2)에 위치하고, 점 ㄹ은 점 ㄱ에 위치하게 된다. 점 ㄴ(2, 9)는 점 (10, 9)에, 점 ㄷ(7, 9)는 점 (5, 9)에, 점 ㅁ(10, 7)은 점 (2, 7)에 위치하게 된다. 그러면 다음 페이지와 같은 그림이 그려지게 된다.

이번에 '돌리기'의 요령을 익혀보자. '돌리기'는 5학년의 '점대칭의 위치에 있는 도형'과 그 원리가 같기 때문에, 활용성이 그만큼 크다. 360도 돌리기는 원래의 모습과 같으므로 180도 돌리기를 해본다. 180도 돌리기를 한 후

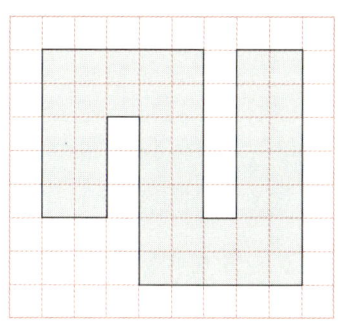

의 결과는, 대각선 방향으로 반대에 위치한다. 점 ㄱ(2, 2)은 (10, 9)에, 점 ㄴ(2, 9)은 점 ㄹ(10, 2)에 위치하게 된다. 점 ㄷ(7, 9)는 점 (5, 2)에, 점 ㅁ(10, 7)은 점(2, 4)에 위치한다.

점 ㄷ의 변환 후의 위치를 정확하게 파악할 수 있는 또 다른 방법은 다음과 같다. 최초의 위치는 (아래로부터 둘째 줄, 왼쪽으로부터 일곱째 줄)인데, 180도 회전한 변환 후의 위치는 대각선 방향으로, 반대점은 (위로부터 둘째 줄, 오른쪽으로부터 일곱째 줄)이 되는 것이다. 그러면 왼쪽과 같은 그림이 된다.

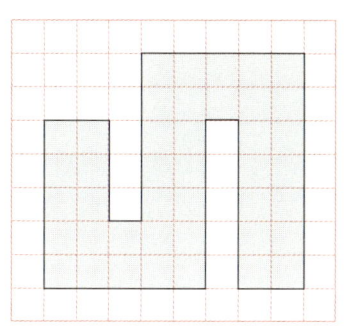

이번에는 대칭에 대해 살펴보자. 초등 수학에서 대칭은 크게 선대칭과 점대칭으로 분류되는데, 선대칭 도형은 대칭축을 중심으로 접었을 때 완전히 겹쳐지는 도형인 반면, 점대칭은 대칭의 중심을 기준으로 180도 회전시켰을 때 합동이 되는 도형을 말한다. 아이들이 특히 헷갈려하는 부분은 '선대칭의 위치에 있는 도형'과 '점대칭의 위치에 있는 도형'이다. 선대칭 도형과 선대칭의 위치에 있는 도형의 차이는, 대칭축이 도형 안에 있느냐 밖에 있느냐다. 점대칭 도형과 점대칭의 위치에 있는

> 단순하게 정리해보면 선대칭 도형과 점대칭 도형은 도형 그 자체인 반면, 선대칭의 위치에 있는 도형과 점대칭의 위치에 있는 도형은 원래의 도형 밖에 또 하나의 도형이 존재한다.

도형도 마찬가지로, 대칭의 중심이 도형 내에 있느냐 밖에 있느냐의 차이이다.

앞에서 말했듯, 도형의 변환은 테셀레이션과 같은 기법을 창출하는 데 기여할 뿐만 아니라, 삶의 질을 변화시키는 데에도 중요한 역할을 한다. 또한 창의성, 공간지각능력을 검증하기 위한 평가도구로도 그 활용성이 크다.

 엄마와 함께 풀어보아요!

도형의 변환은 도형 영역 중에 가장 어려운 분야다. 공간지각능력을 키우는 일이 우선시되어야 한다! 일단 설명처럼 요령만 터득해도 문제해결이 쉬워진다.

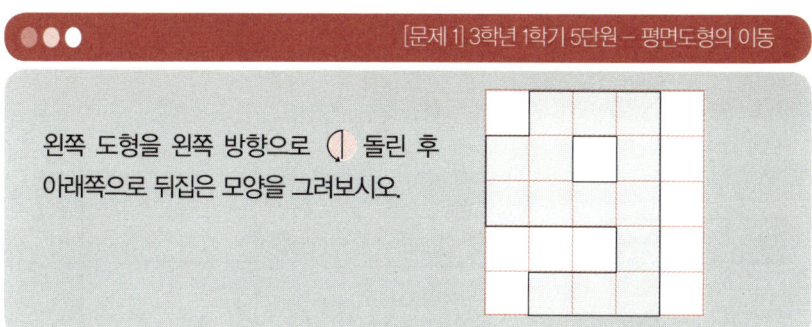

[문제 1] 3학년 1학기 5단원 – 평면도형의 이동

앞에서도 설명한 바 있지만, 다시 한 번 요령을 정리해보겠다.

	특징
180도 돌리기	• 상, 하, 좌, 우 모두 반대로 바뀜 • 왼쪽으로 90도 돌린 모양은 오른쪽으로 270도 돌린 모양과 같음 • 왼쪽으로 270도 돌린 모양은 오른쪽으로 90도 돌린 모양과 같음
좌, 우로 뒤집기	• 위와 아래는 변함이 없고, 왼쪽과 오른쪽만 바뀜 • 왼쪽으로 뒤집든 오른쪽으로 뒤집든 바뀐 모양은 같음
위, 아래로 뒤집기	• 왼쪽과 오른쪽은 변함이 없고, 위와 아래만 바뀜 • 위로 뒤집든 아래로 뒤집든 바뀐 모양은 같음
180도 돌리고 위나 아래로 뒤집기	• 위, 아래는 변함이 없고 왼쪽과 오른쪽만 바뀜
왼쪽이나 오른쪽으로 뒤집고 180도 돌리기	• 왼쪽과 오른쪽은 변함이 없고 위와 아래만 바뀜

계속해서 강조하는 바지만, 도형의 변환은 구체적인 활동을 통해 감각을 익히는 것이 중요하다. 직접 돌리고 뒤집기를 하면서 최초의 모양과 바뀐 후의 모양의 특징을 살펴, 요령을 터득할 수 있는 기회를 제공해줘야 한다.

위의 문제에서 제시된 그림보다 좀 더 단순한 그림을 놓고, '90도 돌리기', '180도 돌리기', '270도 돌리기'와 관련된 문제를 우선적으로 풀게 하면서 그 요령을 익히게 하는 것도 좋겠다. '뒤집기' 연습도 마찬가지로 다음과 같이 단순한 그림을 주고 시도해보자.

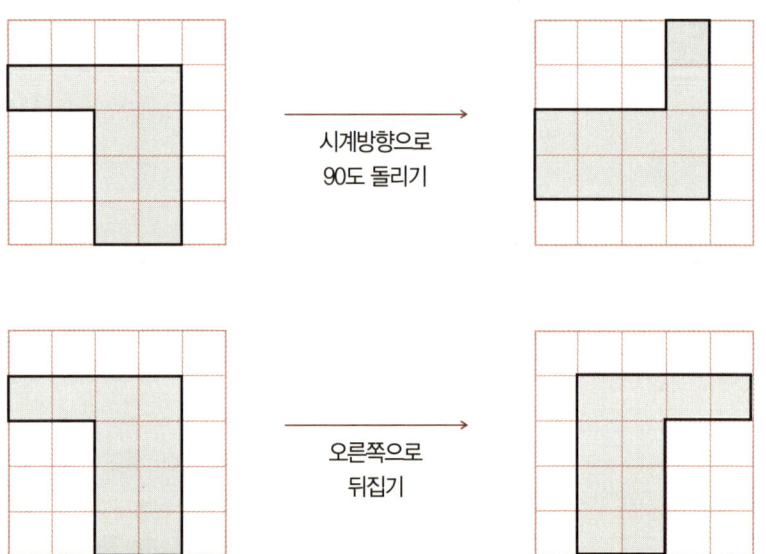

설명을 위해 문제의 그림을 아래처럼 나눠보도록 한다.

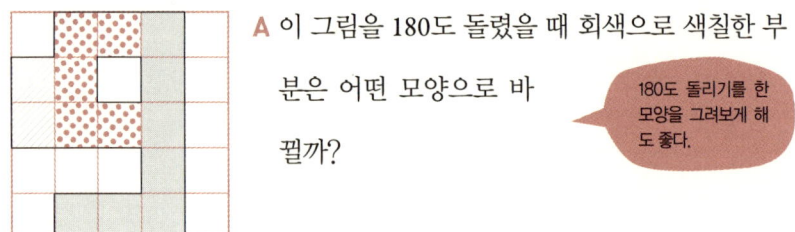

A 이 그림을 180도 돌렸을 때 회색으로 색칠한 부분은 어떤 모양으로 바뀔까?

180도 돌리기를 한 모양을 그려보게 해도 좋다.

B ㄱ 모양이에요.

A ㄱ을 다시 아래쪽으로 뒤집으면 어떤 모양이 될까?

B ㄴ과 같은 모양이요.

A 잘했다. 결국 원래의 모양에서 왼쪽(오른쪽)으로 뒤집은 것과 같은 모양이 되겠구나. … 자, 이제 점무늬 부분이 어떻게 바뀌는지 설명해줄 수 있겠지?

B 예. 점무늬 부분도 ㄷ을 왼쪽(오른쪽)으로 뒤집은 모양이 되겠네요.

A 그럼 원래의 모양에서 180도를 돌리고, 아래쪽으로 뒤집은 모양을 그려보도록 하자.

빗금친 부분은 자동으로 그 옆에 붙는다.

B 예.

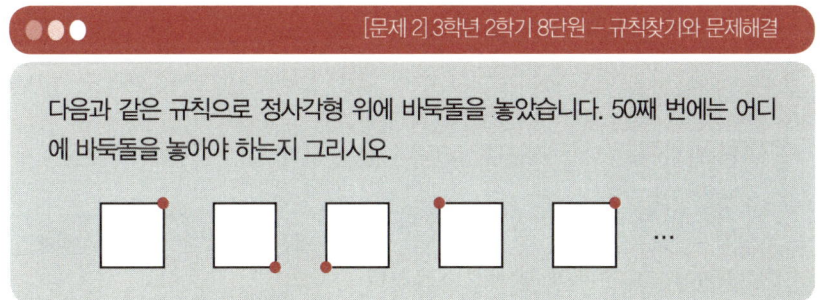

[문제 2] 3학년 2학기 8단원 – 규칙찾기와 문제해결

다음과 같은 규칙으로 정사각형 위에 바둑돌을 놓았습니다. 50째 번에는 어디에 바둑돌을 놓아야 하는지 그리시오.

주어진 그림은 최초의 도형을 계속해서 90도 돌리기를 하면서 만들어진 것이다. 도형의 변환과 규칙성이 결합된 고차원적인 문제라 볼 수 있다. 위와 유사한 형태의 문제들은 얼마든지 만들어질 수 있다. 90도 돌리기를 한 후 뒤집은 모양의 반복, 돌리기와 뒤집기, 옮기기를 어떤 기준에 의해 변환된 모양 등이 그것이다. 그런 모양에 바둑돌을 검은색과 흰색을 번갈아 놓을 수도 있다. 그렇게 구성된 모양을 놓고, 몇 째 번의 그림을 그리라고 하거나, 몇 째 번까지 도형에서 흰색과 검은색 바둑돌의 개수를 물을 수도 있다. 앞의 문제를 다루면서 방금 말한 내용들을 첨가하여 다뤄보면 훨씬 효과적인 학습이 이루어질 것이다.

A 그림이 어떻게 변하고 있는지 말해보아라.

B 오른쪽으로 90도씩 돌리기를 하고 있는 모양이에요.

> 이때는 손가락으로 '이만큼씩' 변하고 있다고 표현하기보다는, '90도' 또는 '└┘'으로 표현하게 하는 것이 좋다.

A 규칙적으로 반복되는 부분을 찾아보렴.

B 오른쪽으로 돌리기를 한 바퀴씩 한 모양까지가 반복되고 있어요. 처음에서 넷째 번까지를 한 묶음으로 묶을 수 있어요.

A 좋은 설명이다. 그러면 50째 번에는 어떤 모양이 나오는지 설명해줄 수 있겠니?

B 50째 번까지는 모두 50개의 모양이 있는 것과 같기 때문에 이것을 4개씩 나누면 50÷4=12…2, 즉 4개씩 12묶음이 되고, 2개가 남아요. 그러니 50째 번은 13째 묶음의 둘째번 그림이라는 뜻이에요.

> 묶음 수를 표시해보고, 13째 묶음에 있는 4개의 모양을 순서대로 그려보게 해도 좋다.

[문제 3] 5학년 2학기 5단원 – 도형의 대칭

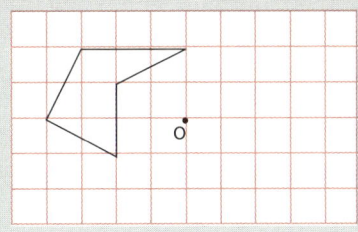

점 O을 중심으로 하는 점대칭의 위치에 있는 도형을 그려보시오.

선대칭도형과 선대칭의 위치에 있는 도형은 대칭축을 중심으로 반대편에 위치하고 있어, 아이들이 쉽게 받아들이는 편이다. 그러나 점대칭도형과 점대칭의 위치에 있는 도형은 180도 회전하고 있기 때문에, 공간지각능력이 부족하거나 감각이 떨어지는 아이들에게는 매우 어려운 분야이다. 그래서 어렸을 때부터 감각을 키워주는 일이 중요하다.

이 문제도 요령을 통해 해결해보도록 하자. 설명을 위해 도형에 기호를 써넣겠다.

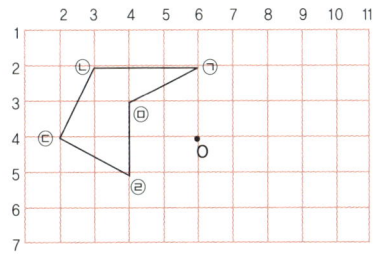

각 점의 위치가 변환 후 어디에 위치하고 있는지를 찾은 후 선분을 연결한다면, 쉽게 점대칭의 위치에 있는 도형을 그릴 수 있다.

A 점 ㉠은 어느 점으로 이동할까?

B 점 O으로부터 두 칸(6, 6)을 뛰면 되요.

A 그 점을 표시해놓고, 이번에는 점 ㉡이 이동한 점을 찾아보자.

B 점 O으로부터 아래로 두 칸, 오른쪽으로 세 칸(9, 6)에 위치하게 되요.

A 자, 이제 그 두 점의 연결해보자.

B 예.

A 점 ㅁ의 대응점을 찾아보자.

> 이 대목이 특히 중요하다. 원래의 점이 점 O의 왼쪽 둘째 칸에 있다면, 변환 후에는 점 O의 오른쪽으로 셋째 칸에 위치하게 된다.

> 대응점을 모두 찾은 후에 선분을 연결하는 것보다는 2개의 대응점을 찾으면 곧바로 대응변을 만드는 것이 좋다.

B 점 O으로부터 위로 한 칸, 왼쪽으로 두 칸에 있으니까, 대응점은 아래로 한 칸, 오른쪽으로 두 칸(8, 5)을 뛰면 되요.

A 곧바로 선분을 연결해야 한다.

> 선분 ㄱㅁ의 대응변

B 예.

A 이제, 나머지를 완성해보도록 하자.

B 예.

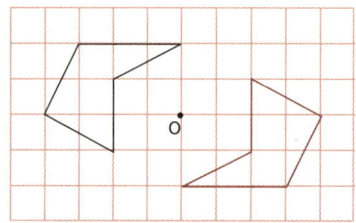

[문제 4] 5학년 2학기 6단원 – 넓이와 무게

오른쪽 그림에서 삼각형 ㄱㄴㄷ은 삼각형 ㄴㄹㅁ이 변환된 형태입니다. 색칠한 부분의 넓이를 구하시오.

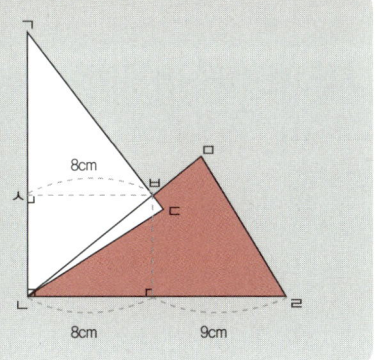

도형의 변환과 삼각형의 넓이를 구하는 방법이 결합된 문제다. 색칠된 부분은 삼각형도 아니고 직사각형, 평행사변형, 사다리꼴도 아니라서, 아이들이 알고 있는 수학적 지식을 곧바로 적용할 수가 없다. 어떤 경우에는 색칠된 부분을 수학적 지식을 적용할 수 있도록 나누어보거나, 보이지 않는 부분을 있는 것으로 가정해보기도 하지만, 이 문제는 어느 것도 좋은 방법이 아니다. 색칠된 부분과 같은 넓이를 갖고 있는 다른 부분을 찾아야만 해결이 가능하다.

A 색칠한 부분의 넓이를 구할 수 있겠니?

B 삼각형, 직사각형, 평행사변형, 마름모, 사다리꼴이라면 구할 수 있을 텐데, 색칠한 부분은 어느 것도 아니어서 쉽지 않아요.

A 그래, 쉽지 않아. 그러면 삼각형 ㄱㄴㄷ과 ㄴㄹㅁ은 합동이라는 사실을 이용해야만 할 것 같구나. 음… 그림을 가만히 살펴보니까 삼각형 ㄴㄷㅂ은 두 삼각형에 공통으로 들어있네.

B 아, 삼각형 ㄴㄹㅁ의 넓이에서 삼각형 ㄴㄷㅂ의 넓이를 빼면 색칠한 부분의 넓이가 되네요. … 그런데 삼각형 ㄴㄷㅂ의 넓이를 구할 수가 없어요.

A 그래, 그러니까 삼각형 ㄴㄹㅁ의 넓이에서 삼각형 ㄴㄷㅂ의 넓이를 뺀 것은, 삼각형 ㄱㄴㄷ에서 삼각형 ㄴㄷㅂ의 넓이를 뺀 것과 같다는 점을 이용해야만 한단다.

B 그렇군요. 결국 색칠한 부분의 넓이는 삼각형 ㄱㄴㅂ의 넓이와 같은 거군요.

A 이제 색칠한 부분의 넓이를 구해볼 수 있겠지?

B 밑변은 9cm+8cm이고, 높이는 8cm이니 $17 \times 8 \div 2 = 68 cm^2$예요.

[문제 5] 5학년 2학기 6단원-넓이와 무게

오른쪽 도형은 한 변이 10cm인 정사각형 ABCD를 점 B를 중심으로 45° 회전한 것입니다. 색칠한 부분의 넓이가 $57cm^2$이면, 사다리꼴 EICF의 넓이는 몇 cm^2입니까?

매우 복잡한 정사각형의 변환 문제 문제처럼 보이지만, 정사각형의 넓이 구하는 방법만 안다면 간단히 해결할 수 있다. 그러나 사다리꼴 EICF의 넓이를 구하기 위해 윗변과 아랫변, 높이를 우선적으로 알아야만 한다고 생

각했다면 이 문제를 절대로 해결할 수 없다.

A 사다리꼴의 넓이를 구하기 위해서 알아야 할 것이 무엇일까?

B 윗변, 아랫변, 높이를 알아야 해요. 사다리꼴의 넓이는 (윗변+아랫변) ×높이÷2니까요.

A 그렇구나. 그런데 우리가 구하려고 하는 사다리꼴 EICF의 윗변, 아랫변, 높이를 알 수 있니?

B 어려워요.

A 그럼 다른 방법을 찾아보아야겠구나. 맨 밑에 있는 삼각형 BHG가 없다고 생각해볼래? 그런 후에 정사각형의 넓이, 정사각형의 $\frac{1}{4}$의 넓이, 정사각형 중 색칠되지 않은 부분의 넓이를 이용해서 해결하는 방법을 찾아보면 좋을 것 같다.

B 아, 그렇군요. 색칠되지 않는 부분의 넓이에서 삼각형 BIE의 넓이를 빼주면 되는군요.

A 바로 그거란다. 그렇게 쉬운 방법을 찾기 위해서는 보이는 것도 없는 것으로 가정할 수 있어야 한다. 나무보다는 숲을 볼 때 해결방법이 쉽게 떠오르기도 하지. 이제 해결 과정을 직접 설명해줄 수 있겠니?

B 예. 정사각형 전체의 넓이는 10×10=100(cm^2)이니까, 색칠되지 않은 부분(사각형 BCFE)의 넓이는 100−57=43(cm^2)이에요. 그런데 삼각형 BIE는 정사각형 넓이의 $\frac{1}{4}$과 같으므로 100× =25(cm^2)이구요. 우리가 구하고자 하는 사다리꼴 EICF의 넓이=43−25=18(cm^2)네요.

측정과 단위의 모든 것

3장

측정과 단위 교과 과정

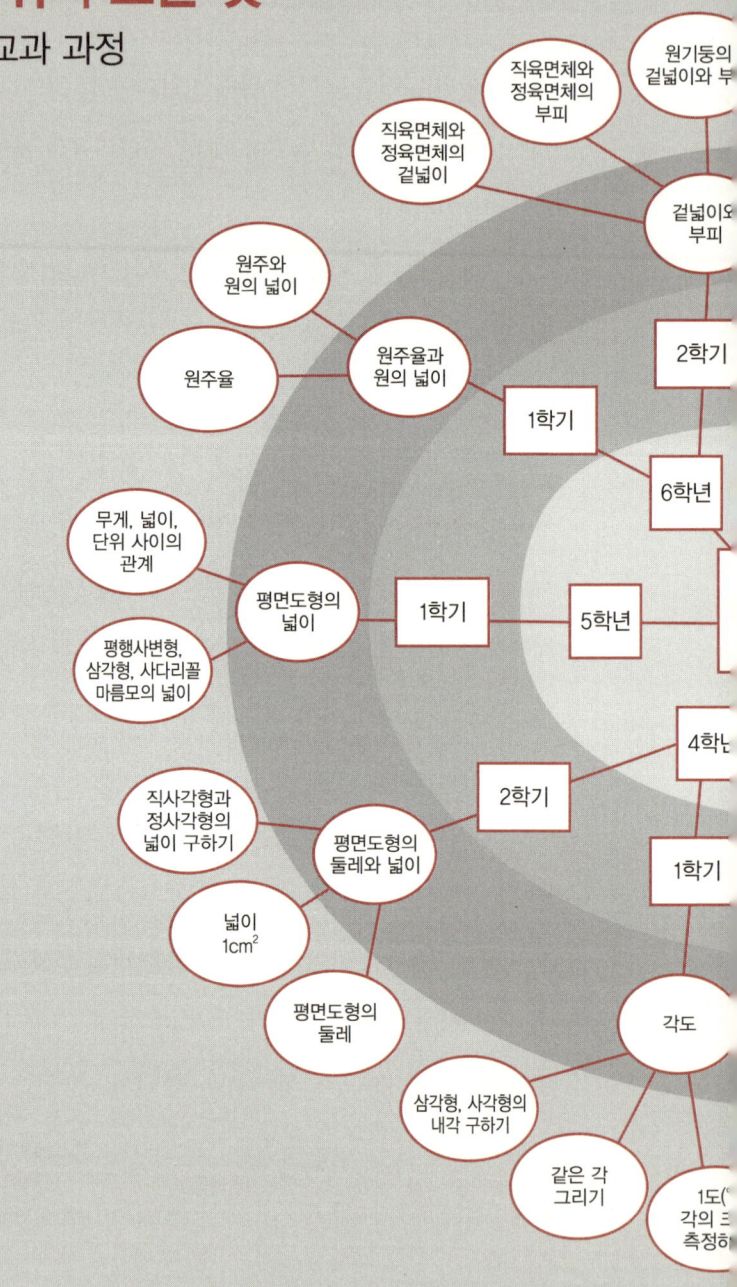

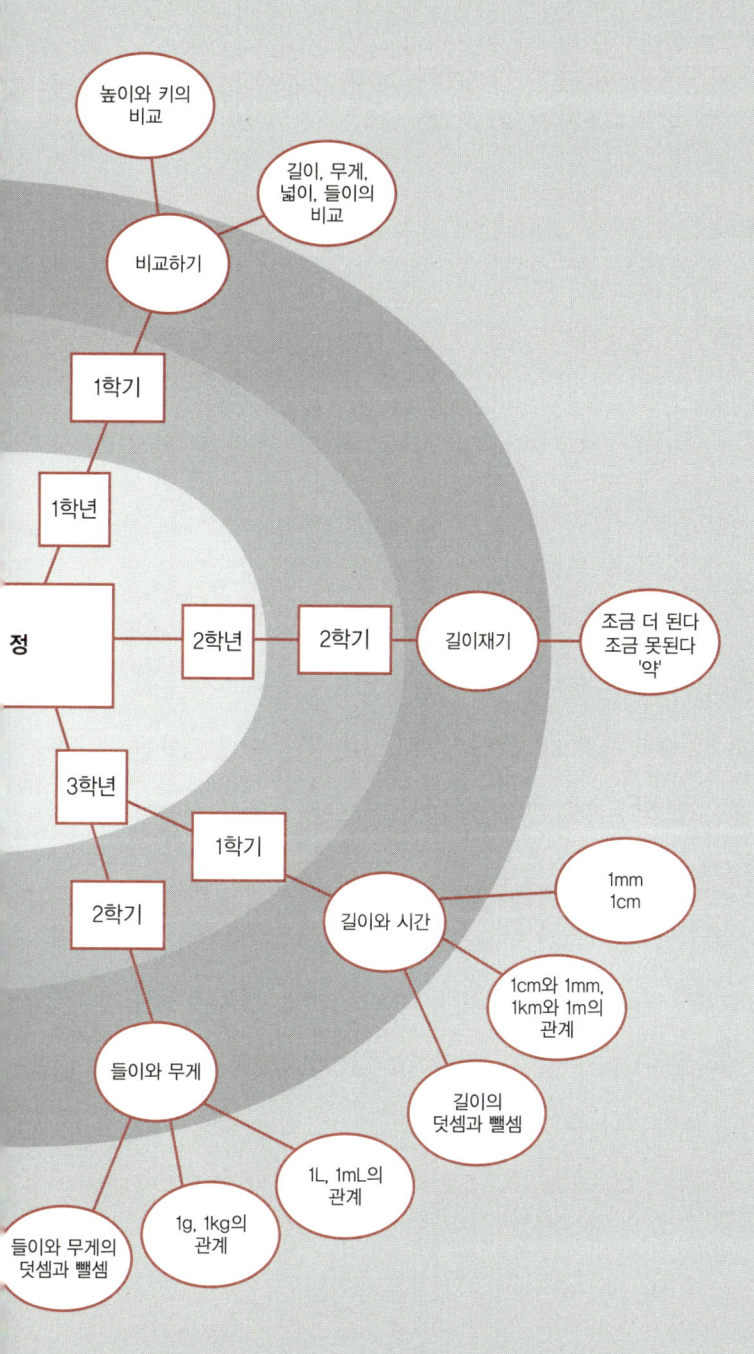

개념
10

감각을 키워라
양, 길이, 무게, 넓이, 부피에 대한 감각

  도형 영역을 잘하기 위해서는 일차적으로 도형에 대한 감각을 키우는 것이 중요하다고 했다. 도형의 생김새, 분해와 결합, 변환 등을 쉽게 받아들일 수 있는 가장 좋은 방법이 바로 감각을 키우는 일이다. 이러한 감각이 있을 때, 문제해결을 위한 요령도 쉽게 터득할 수 있다.

  측정 영역도 마찬가지다. 100mL가 어느 정도의 양인지, 1km가 어느 정도의 거리인지, $100m^2$가 어느 정도의 면적인지 $100m^3$가 어느 정도의 부피를 지니고 있는지 짐작할 수 있어야 한다. 안타까운 일인데, 4학년 아이 중에 연필이 30cm 정도 된다거나 학교 책상의 가로 길이, 높이를 50m, 70m쯤 된다고 말하는 아이도 있다. 이쯤 되면 우리 아이들의 양감이 어느 정도인지 짐작이 갈 것이다.

시험 문제만 잘 해결하면 되었지, 이러한 감각을 키워야 하는 이유를 모르겠다고 생각하는 사람들도 있을 것이다. 그러나 그러한 생각은 잘못이다. 그냥 단순한 잘못이 아니라 수학 공부를 못하게 만드는 결과를 낳는다. 시험에 국한하여 생각해보자. 주어진 문제가 '운동장의 넓이'를 구하는 것이라면, 넓이에 대한 감각을 갖고 있는 아이들은 답을 구해놓고, 그 수가 어느 정도인지 대충 가늠할 수 있기 때문에 자신의 답이 맞는지, 그렇지 않은지를 직감적으로 판단할 수 있다. 그러나 그런 감각이 없는 아이라면, 계산 과정에서 실수를 범해놓고도 자신의 답이 맞는지 짐작할 수 있는 근거를 전혀 갖지 못하게 된다. '왜 답이 이렇게 나왔지?'라는 반성을 할 기회조차 갖지 못하는 것이다.

3학년 2학기 교과서에 나온 문제를 예로 들어보자.

> 성혜의 몸무게는 31kg 200g입니다. 성혜가 강아지를 안고 저울에 올라갔더니 무게가 35kg 700g이 되었습니다. 강아지의 무게는 얼마입니까?

무게에 대한 감각이 있는 아이라면, '성혜의 몸무게가 30kg 정도니까, 사람에게 안길 정도의 강아지의 무게라면 대충 5kg 정도 되지 않을까?' 하고 예상할 수 있다. 즉 이 아이는 약 5kg 정도의 무게가 자신의 팔 위에 놓여 있을 때의 느낌으로 이 문제를 만나고 있는 것이다. 그러나 이런 감각이 없는 아이는 계산 실수로 또는 문제 분석을 제대로 하지 않아, 31kg 200g과 35kg 700g을 더해버리곤 그 결과를 그대로 받아들이게 된다.

하나 덧붙인다면 측정 영역은 곧 단위라고 할 만큼 단위가 중요하다. 숫자는 같다 하더라도 단위가 다르면 전혀 다른 의미가 된다. 반대로 단위는 다르지만 그 크기가 같은 경우도 있다. 그래서 측정 영역을 평가할 때에는 단위를 꼭 쓰도록 해왔다. 단위의 쓰임에 따라 그 값이 전혀 달라지기 때문이다. 넓이를 구하라는 문제에서 cm^2가 아닌 cm를 적어놓는다면 그것은 정답이 될 수 없지 않은가.

다른 측면에서 양감을 키우는 것이 얼마나 중요한지 따져보도록 하자. 측정은 도형 영역보다는 우리 삶과 밀접한 관련성을 갖고 있다. 간단한 상자 하나를 만들 때, 건강을 체크할 때, 여행을 떠날 때, 약속 시간에 맞춰 움직일 때, 그 외에도 수많은 행위들이 측정 영역과 불가분의 관계를 가지고 있다. 좀 더 거창하게 생각해본다면, 아파트를 짓는 일, 자동차를 만드는 일, 인공위성을 쏘아 올리는 일 등 어느 것 하나 측정과 관계없는 것이 없다.

배운 지식들을 활용할 수 있는 능력이 강조되고 있는 시점에서 길이, 부피, 넓이, 들이 등의 양감을 갖지 못한다면, 배우고도 제대로 알지 못할 가능성이 높을 뿐만 아니라, 설사 이해했다 하더라도, 써 먹을 수 있는 지식으로 승화하기는 어려울 것이다. 그러므로 측정 단위들, 예를 들면 길이, 양, 무게, 넓이 등과 같은 단위는 아이가 눈을 감고 어느 정도의 길이인지, 그 정도의 양이면 어떤 그릇에 담을 수 있는지, 그 정도의 무게면 어떤 것의 무게와 비슷할지, 그 정도의 넓이면 우리 집의 거실 크기와 얼마만큼 차이가 날 것인지를 어림잡아 비교할 수 있도록 해야 한다.

학교 선생님들이 보는 교수학습지도 안에도 '막대, 연필, 지우개, 문' 등을 직접 재보며 길이에 대한 감각을 키우도록 요구하고 있다. 우유 팩, 비이커 등을 통해 양의 감각을, 저울을 이용해 무게를 재보고, 손으로 들어보면서 양의 감각을 키우게 하고 있다. 또한 운동장에 직접 나가 넓이에 대한 감각을 키우게 하고 있는 것이다. 가정에서도 마찬가지이다. 〈측정〉 단원을 가르치고자 할 때에는 관련 단위에 대한 이해가 부족하다면 일단 보여 줘라. 재보고, 달아보고, 비교하면서 느껴봐야 한다.

> 가능하면 여러 번 반복해서 시도하는 것이 좋다. 한두 번 시도했다고 해서 감각이 키워지는 것이 아니기 때문이다.

더불어 관심을 두어야 할 것은 단위이다. 3학년부터는 단위의 변환에 대해 학습하게 되므로, 단위 사이의 관계에 대해 완벽한 이해가 필요하다. 충분한 시간을 두고 지속적인 변환 연습을 하도록 해야 한다.

> 이러한 연습이 제대로 되어 있지 않으면 측정 영역의 단원뿐만 아니라, 소수와 관련된 단원에서도 큰 어려움을 겪게 된다.

 **엄마와 함께 풀어보아요!**

양, 길이, 무게 등의 개념 설명과 문제풀이를 할 때에는 주변에 있는 도구들을 최대한 활용한다. 재미를 통한 감각 키우기, 측정 영역에서 맛볼 수 있는 영양식이다.

[문제 1] 1학년 1학기 5단원 – 비교하기

다음 글을 읽고, 키가 가장 큰 사람을 찾아 이름을 쓰시오.

지영이는 새롬이보다 작고 서윤이는 지영이보다 큽니다.
새롬이는 서윤이보다 큽니다.

크기를 비교하는 문제이다. 실질적인 사물을 놓고 크기나 무게 등을 비교하는 일은 아이들에게 쉬운 일이다. 아이의 시각과 감각이 알려주기 때문이다. 그러나 위의 문제처럼 글을 통한 문제나 이중 비교를 통한 문제에는 상당한 어려움을 겪고 있다.

A 차근차근 생각해보기 위해서 이렇게 번호를 붙여보자.

① 지영이는 새롬이보다 작고

② 서윤이는 지영이보다 큽니다.

③ 새롬이는 서윤이보다 큽니다.

자, ①번 글을 보고 그림으로 나타내보자.

B 예, 이렇게 나타낼 수 있어요.

　　지영　──────────────
　　새롬　──────────────

> 사람 모습을 그려도 좋다.

A 잘했다. 이제 ②번을 보자. 방금 네가 그렸던 그림에 같이 나타내보자.

B 예.

　　지영　──────────────
　　새롬　──────────────
　　서윤　──────────────

　(그림을 그리려다 말고) 그런데 이상해요. 서윤이가 지영이보다 크기는 큰데, 새롬이와 서윤이 중 누가 큰지 알 수가 없어요.

A 그렇구나. 그러면 ③을 봐야 알 수 있겠구나.

B 아, 새롬이가 서윤이보다 크니까, 새롬이가 제일 크고 그 다음이 서윤이, 지영이가 가장 작네요.

> 이때는 '크다', '작다' 라는 말을 정확하게 쓰도록 해야 한다.

다음은 이중 비교 문제인데, 위와 같은 1학년 아이들 수준에서는 쉽지 않다. 그래서 체계적인 절차를 거쳐 해결할 수 있도록 도와줘야 한다.

그림을 보고, 가장 무거운 과일의 이름을 쓰시오.

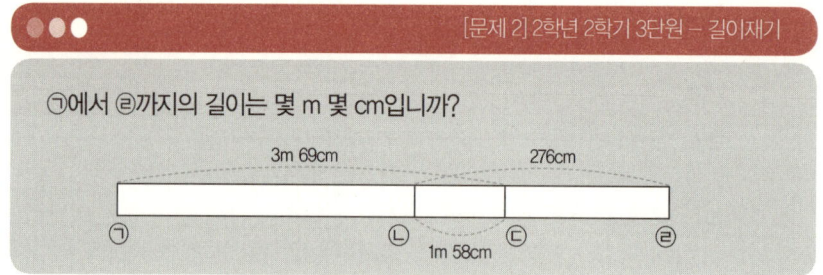

276cm처럼 하나의 단위로 나타낸 표기 방법을 단명수라고 하고, 3m 69cm처럼 두 개의 단위를 이용하여 나타낸 표기 방법을 복명수라고 하는데, 길이의 덧셈과 뺄셈을 할 때에는 단명수나 복명수로 일관되게 나타내도록 해야 한다. 결국 단위변환이 이루어지는 셈이다.

앞서 말했지만 이러한 문제를 만나면 ㉠부터 ㉣까지의 길이는 5m 정도 되겠구나 하는 생각을 가져야 하고, 그 길이도 머릿속으로 가늠할 수 있어야 한다.

> 단위변환과 길이의 덧셈과 뺄셈에 익숙하지 않은 아이들이 길이에 대한 감각이 어느 정도 있다면 문제해결이 훨씬 용이할 것이다.

위의 문제를 대부분의 문제집에서는 3m 69cm와 276cm를 더한 후에 1m 58cm를 빼야 한다고 풀이 방법을 제시해주고 있다. 하지만 이 방법을 처음부터 사용하는 것보다는 ㉠에서 ㉡까지의 길이를 구하여 276cm를 더하게 하거나, ㉢에서 ㉣까지를 구하여 3m 69cm를 더하는 방법을 사용하는 것이 아이들이 쉽게 받아들이는 방법이다. 이런 훈련을 하는 과정에서 문제집에서 제시한 풀이 방법으로 전환하는 것이 좋다.

A 우리는 지금 ㉠에서 ㉢까지의 길이를 알고 있다. 전체 길이를 구하려

면 어떤 곳의 길이를 알아야 할까?

B ㉢에서 ㉣까지의 길이요.

A 그렇지. 네 말대로 ㉢에서 ㉣까지의 길이를 구하려면 ㉡에서 ㉣까지의 길이만 가지고도 알 수 있겠구나.

B 예. 276cm에서 1m 58cm를 빼주면 되요.

A 그런데 단위가 다르니 단위를 같게 만들어줘야겠구나.

B 예. 276cm를 2m 76cm로 바꿔 계산해볼게요. … 1m 18cm예요.

> 1m 58cm를 158cm로 바꾸어 계산해도 좋다.

A 이제 마지막으로 해야 할 일이 남아 있는데….

B 3m 69cm와 1m 18cm를 더하는 일이에요. … 4m 87cm예요.

위와 유사한 문제가 매우 많다. 그러나 문제해결 방법은 동일하다. 4학년의 〈곱셈과 나눗셈〉 단원과 관련된 다음의 문제를 보면 이해할 수 있을 것이다.

| 비슷한 유형의 문제 |

길이가 3m 25cm인 테이프 57개를 이어 긴 끈을 만들었습니다. 풀칠하여 겹친 부분이 5cm이면 긴 끈의 길이는 몇 m 몇 cm입니까?

> 문제 2는 겹친 부분이 한 곳인 반면, 이 문제는 겹친 부분이 여러 개일 뿐이다.

[문제 3] 3학년 2학기 5단원 – 들이와 무게

㉮와 ㉯에 들어 있는 물의 양을 비교하기 위해, 모양과 크기가 같은 통 ㉠, ㉡에 각각 부었더니 다음과 같았습니다. ㉠의 물 중 1L 400mL를 ㉡에 부었더니 두 통의 물의 높이가 같아졌습니다. ㉯의 물의 양은 몇 mL입니까?

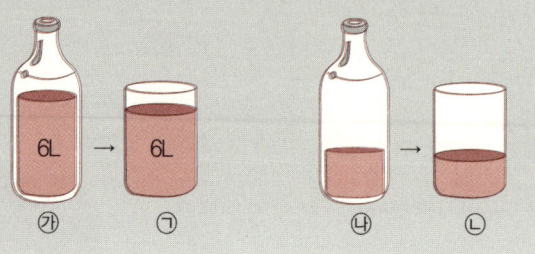

6L들이라면 편의점에서 구입할 수 있는 1L들이 생수병 6개 분량이다. 그 중에서 생수병 1개 반 정도인 1L 400mL를 ㉡통에 부었을 때, ㉠통과 ㉡통의 물의 양이 같아졌다는 의미이다. 최초 ㉡통에 얼마의 물이 들어 있는지는 모르지만, 6L가 들어 있는 ㉠통에서 1L 400mL만큼의 물이 빠져나갔으므로, ㉡통은 「□+1L 400mL」만큼의 물이, ㉠통에는 「6L-1L 400mL」만큼의 물이 들어 있을 것이다.

> 혹시 문제 중 '㉯의 물의 무게'를 물을 경우도 있다. 이 경우는 물의 부피와 무게의 관련성까지 파악하고 있는지를 묻고 있는 것. 일반적으로 물 1L는 물 1kg의 무게와 같다는 사실을 알고 있어야 문제를 풀 수 있다.

A '물의 높이가 같아졌다'는 말이 무슨 뜻일까?

B '물의 양이 같다'는 뜻이에요.

A 그럼, 처음에 ㉠통과 ㉡통에 각각 얼마의 물이 들어 있었지?

B ㉠통에는 6L, ㉡통은 얼마가 들어 있긴 하지만 정확하게 알 수 없어요.

A 그렇지. 그런데 ㉠통에서 1L 400mL만큼이 빠져나가, 두 통의 물의 양

이 같아졌기 때문에 ㉠통에는 얼마가 남았는지, ㉡통에는 얼마가 들어갔는지 알 수 있겠구나.

B 예. ㉠통은 처음에 6L가 있었는데 그중 1L 400mL가 빠져나갔으니까, 6L-1L 400mL=4L 600mL가 남아 있을 거고요, ㉡통에는 최초에 얼마가 있었는지 모르지만 1L 400mL만큼이 더해졌을 거예요.

A 매우 훌륭한 설명이다. 이제 ㉡통에 최초에 얼마의 물이 있었는지 알 수 있겠구나.

B ㉠통에 4L 600mL만큼의 물의 양과 ㉡통 물의 양이 같아야 하기 때문에, 최초에 있었던 물의 양에 1L 400mL만큼을 더해줘야 해요. … 그러면 4L 600mL-1L 400mL=3L 200mL, 즉 ㉡통에 들어 있는 최초의 물의 양은 3L 200mL예요.

[문제 4] 5학년 1학기 7단원 – 평면도형의 넓이

다음의 질문에 답하시오.
(1) a 와 m 단위를 사용하여 실생활과 관련된 문제를 만드시오.
(2) cm와 cm^2 단위를 사용하여 실생활과 관련된 문제를 만드시오.

참으로 재미있는 문제다. 수학 교육의 목적에 맞는 질문이면서, 그동안의 시험 문제와는 다소 동떨어진 듯한 느낌이 드는 엉뚱한 질문이다. 그러나 결코 그렇지 않다. '문제 만들기'는 대단히 중요한 의미를 지닌다. 주어

진 개념을 얼마만큼 활용할 수 있는가를 묻고 있기 때문이다. 지식활용능력을 요구하고 있는 것이다.

　단순히 $1a=100m^2$라는 피상적인 지식만을 갖고 있는 아이라면, 이 문제의 해결이 쉽지 않을 것이다. 또한 $1a$, $1cm^2$가 어느 정도의 면적을 나타내고 있는지에 대한 감각이 없는 아이라면, '가로가 10m이고 세로는 20m인 책상의 넓이는 몇 a입니까?'라는 식의 문제를 만들 수도 있다. 이 문제는 꽝이다. 상식에 어긋나기 때문이다.

A 넓이의 단위인 $1a$는 $100m^2$와 같지. 그러면 $100m^2$는 어느 정도의 크기일지 예를 들어 설명해보렴.

B 가로 10m, 세로 10m의 크기와 같으니까, 이 정도의 넓이일 것 같아요.

> 방 2개 정도 또는 마당의 크기를 가리키면서 말할 수도 있을 것이다. 만약 이러한 대답을 못한다면 직접 그 넓이를 보여줄 필요가 있다.

A 그럼, a라는 단위가 들어가는 문제라면 어떤 것을 예를 들면 좋을까?

B 운동장이나 마당, 논밭, 아파트 옥상 등이요.

A 그럼 두 번째 문제인 cm^2가 들어갈 수 있는 문제에 맞는 예는 어떤 것들이 있을까?

B 예를 들어, $100cm^2$는 가로와 세로가 각각 10cm 정도의 크기를 갖고 있으니까, 수첩이나 지갑 정도의 크기를 갖고 있는 것들이에요.

> $1a$와 $100cm^2$를 비교했을 때 숫자가 크다는 시각적인 느낌만으로 $100cm^2$가 클 거라고 막연히 생각할 수도 있다. 두 단위를 비교하면서 그 차이가 천지차이임을 깨닫게 해줘야 한다.

A 자, 이제 주어진 문제를 해결해보자.

B 서영초등학교의 운동장은 가로와 세로가 각각 50m, 70m입니다. 서영

초등학교의 운동장의 넓이가 몇 a인지 구하시오. 수학책의 가로와 세로는 각각 30cm, 25cm입니다. 수학책의 넓이는 몇 cm^2입니까?

또 다른 예들을 들어보게 한다. ha와 km를 이용한 문제, kg과 t을 이용한 문제 등도 만들어보게 하면 좋을 것이다.

개념
11

보이지 않을 뿐이다

각도, (겉)넓이, 부피

　아이들은 각이나 각도, 직육면체 부피의 경우, 개념 확인 수준의 문제들은 거의 틀리지 않는다. 각을 재보거나 주어진 각들을 더하거나 빼는 정도이고, 직육면체는 가로와 세로 높이를 곱하기만 되기 때문이다. (겉)넓이의 문제도 마찬가지다. 약간의 혼란이 있다면, 둔각삼각형의 넓이를 구하는 문제 때문이다. 직각삼각형이나 예각삼각형의 경우에는 '높이'를 쉽게 발견할 수 있지만, 둔각삼각형은 '높이'가 삼각형의 밖에 있기 때문이다.

　문제는 개념 확인을 넘어 이것을 적용하고 활용하는 문제들이다. 난이도가 있는 이러한 문제들은 답을 위해 필요로 하는 단서들이 숨어 있기 때문에, 주어진 도형을 분해나 결합, 없는 것을 있는 것으로 가정하거나, 있는 것을 없는 것으로 가정해야 문제해결을 위한 모든 단서를 찾을 수 있고, 쉽게 풀 수 있다.

다음은 4학년 2학기 수학익힘책 〈수직과 평행〉이라는 단원의 내용이다. 이 문제를 통해 '없는 것을 있는 것'으로 가정해보는 일이 얼마나 중요한지 생각해보자.

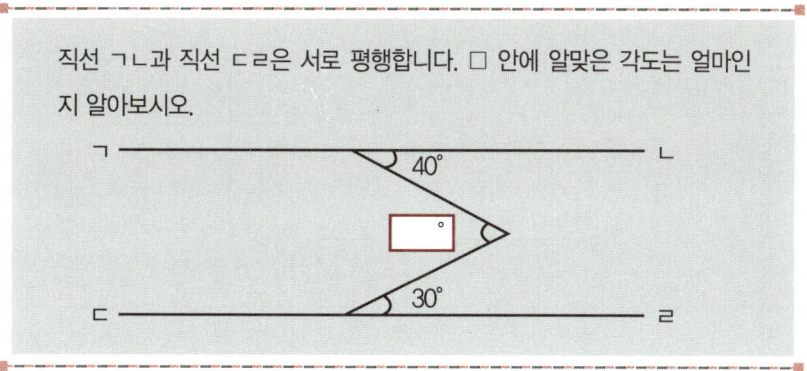

이 그림을 아무리 쳐다봐도 답이 떠오르지 않을 것이다. 문제를 해결하기 위해서는 다음과 같은 생각이 필요하다. '직선 ㄱㄴ과 ㄷㄹ 사이에는 보이지 않는 수많은 평행선이 있다' 바로 이 생각이 문제를 해결하는 핵심이다. 그래서 다음과 같이 또 하나의 평행선을 그어본다면 주어진 답을 구할 수 있게 된다.

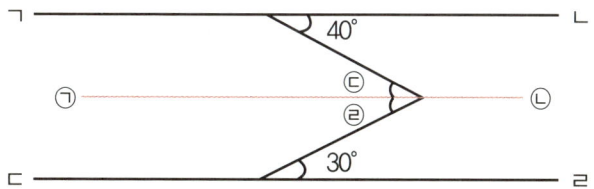

가상의 평행선 선분 ㉠㉡을 그어놓고 보니, 각 ㉢은 40도이고, 각 ㉣은 30도라는 것을 금방 알 수 있다. 구하고자 하는 □는 각 ㉢과 ㉣의 합이기

때문에 70°이다

하나의 예를 더 들어보자.

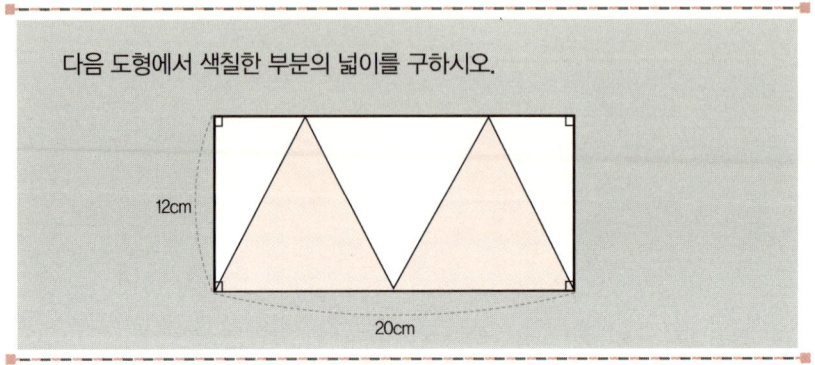

이 문제를 해결하기 위해서는 두 삼각형 각각의 밑변의 길이를 알아야 한다. 왜냐하면 「삼각형의 넓이=밑변×높이÷2」이기 때문이다. 그러나 이 원리만 생각한다면 이 문제를 결코 해결할 수 없을 것이다. 그래서 다음과 같이 '분해'해본다.

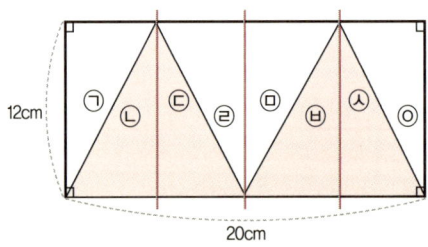

이처럼 좌·우변과 평행한 3개의 선분을 그어놓고 보니, ㉠=㉡, ㉢=㉣, ㉤=㉥, ㉦=㉧이라는 것을 금방 알 수 있다. 즉 색칠된 두 삼각형의 넓이는 큰 직사각형 넓이의 절반이라는 사실을 발견하게 된다.

이 두 가지 예는 문제의 요구에 맞춰 '보이지 않는 것을 보이는 것으로 가정하기' 또는 그 반대의 경우와 도형의 분해와 결합을 할 수 있어야만, 보다 어려운 문제를 풀 수 있다는 것을 의미한다.

> 측정 영역 중 4학년부터는 앞에서 제시한 형태의 문제들이 고난이도라는 이름을 걸고 자주 등장한다. 이런 유형의 문제를 해결하느냐, 못하느냐에 따라 성적이 달라지기 때문에, 유사한 문제에 대한 경험을 충분히 해두는 것이 좋다.

🔄 엄마와 함께 풀어보아요!

고난이도의 문제일수록 도형의 숨겨진 부분을 들추어내야 하고, 문제의 조건에 맞게 쪼갤 수 있어야 한다. 문제의 조건을 통해 도형을 재조직하게 한다.

오른쪽과 같이 직사각형 ㄱㄴㄷㄹ을 접었습니다. 각 ㉠의 크기를 구하시오.

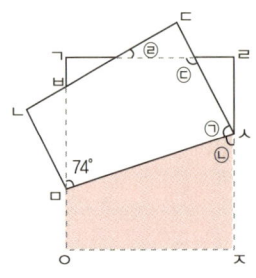

위 문제는 현 상태 그대로는 각 ㉠을 구할 수가 없다. 접기 전의 상태까지 드러나 있어야 문제해결 방법이 보인다. 없는 부분을 있는 것으로 가정하고 위의 그림에 그려 넣도록 유도하여 왼쪽 그림과 같이 나타내어야 한다.

그러면 각 ㉠은 각 ㉡과 같다는 것을 금방 알 수 있을 것이다. 뿐만 아니라 각 ㉢이나 각 ㉣의 크기도 쉽게 구할 수 있다. 아니면 직접 직사각형 모양의 종이를 활용해야 한다고 말한 바 있다. 반드시 그런 과정을 거쳐야만 한다.

위 문제는 사실 다음과 같은 기본적인 원리와 크게 다르지 않다. 다만 선분이 많아 복잡한 것처럼 보일 뿐이다.

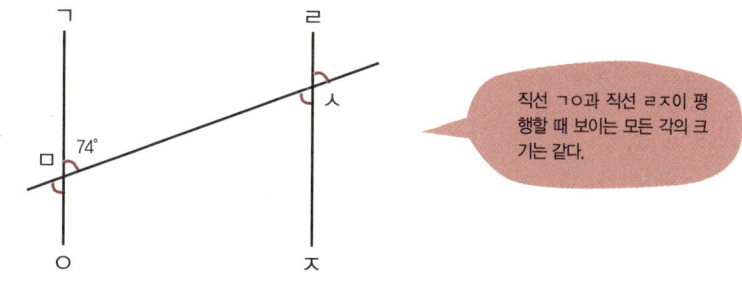

직선 ㄱㅇ과 직선 ㄹㅈ이 평행할 때 보이는 모든 각의 크기는 같다.

A 직사각형을 접기 전의 모양을 나타내어 보렴.

B (앞 페이지의 그림처럼 나타낸다)

A 당장 알 수 있는 각들을 말해보거라.

문제해결과 직접적으로 관련 있는 것만 물어볼 수도 있지만, 하나의 문제를 통해 여러 측면에서 생각해볼 수 있는 기회를 갖고자 함이다.

B 예. 애초에 직사각형 모양이었으니까 각 ㄱ, ㄴ, ㄷ, ㄹ은 90도라는 것을 금방 알 수 있어요. 몇 도인지를 모르지만 각 ㄴㅁㅅ과 ㅇㅁㅅ이 같고, 각 ㅁㅅㅈ과 ㄷㅅㅁ이 같아요.

A 중요한 점을 잘 발견했다. 이제 각 ㉠을 구해야겠는데, 74도를 잘 활용해야겠구나.

B 각 ㅇㅁㅅ은 「180도-74도」이므로 106도예요. 사각형 ㅁㅇㅈㅅ의 합은 360도, 각 ㅇ과 ㅈ은 90도이므로 각 ㉡을 구할 수 있어요. …「360도-(106+90+90)=74도」예요. 각 ㉡은 ㉠과 같기 때문에 ㉠도 74도예요.

접힌 사각형의 내각의 합을 이용하여 각 ㉠을 구할 수도 있다.

[문제 2] 5학년 1학기 7단원 – 평면도형의 넓이

오른쪽 그림은 한 변의 길이가 32cm인 정사각형에서 각 변의 가운데를 이은 것입니다. 색칠한 부분 ㉠, ㉡, ㉢의 넓이의 합은 몇 cm^2입니까?

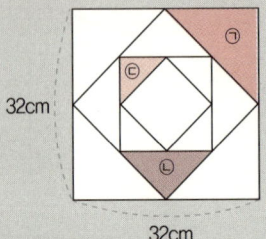

위와 같은 문제도, 다음처럼 보이지 않는 부분을 그려 넣기만 한다면 아주 쉽게 풀리는 문제이다.

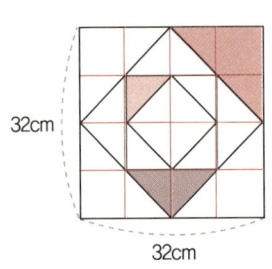

위 그림은 가장 작은 직각삼각형이 모두 32개가 모여 있다는 것을 보여주고 있다. 색칠한 부분의 합은 직각삼각형 7개의 합과 같고, 직각삼각형 1개의 넓이는 $32cm \times 32cm \div 32 = 32cm^2$이므로, $32cm^2 \times 7 = 224cm^2$이다.

다음에서는 약간 복잡한 방법으로 접근해보려고 한다. 직사각형과 삼각형의 넓이의 관계를 이해시키는 차원에서 말이다.

> 물론 위와 같이 간단한 방법은 아닐지라도, 아이가 스스로 발견한 방법이 있다면 높이 평가해야 한다.

A 삼각형 ㉠, ㉡, ㉢은 서로 어떤 관련성이 있는지 살펴보자.

B 삼각형 ㉠은 큰 정사각형의 $\frac{1}{8}$이고, 삼각형 ㉡은 삼각형 ㉠의 $\frac{1}{2}$이고, 삼각형 ㉢은 삼각형 ㉡의 $\frac{1}{2}$이에요.

> 가장 큰 정사각형과 비교한다면, 삼각형 ㉠은 큰 정사각형의 $\frac{1}{8}$이고, 삼각형 ㉡은 큰 정사각형의 $\frac{1}{16}$이며, 삼각형 ㉢은 큰 정사각형의 $\frac{1}{32}$이라고 할 수 있다.

A 그럼 가장 큰 정사각형의 넓이를 구한다면, 삼각형 ㉠, ㉡, ㉢의 넓이를 구할 수 있겠구나.

B 그럼요. 큰 정사각형의 넓이는 $32 \times 32 = 1024\text{cm}^2$이니깐, 삼각형 ㉠은 $1024 \times \frac{1}{8} = 128\text{cm}^2$, 삼각형 ㉡은 $128 \times \frac{1}{2} = 64\text{cm}^2$, 삼각형 ㉢은 $64 \times \frac{1}{2} = 32\text{cm}^2$예요. 그래서 세 삼각형의 넓이의 합은 $128 + 64 + 32 = 224\text{cm}^2$예요.

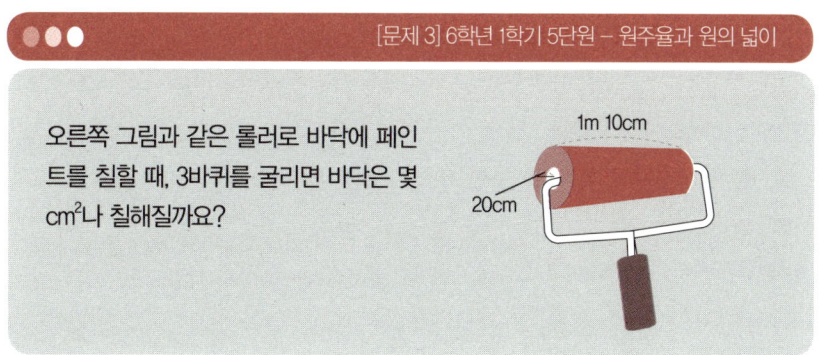

[문제 3] 6학년 1학기 5단원 – 원주율과 원의 넓이

오른쪽 그림과 같은 롤러로 바닥에 페인트를 칠할 때, 3바퀴를 굴리면 바닥은 몇 cm^2나 칠해질까요?

문제 상황을 머릿속으로 그려보게 하자. 롤러가 한 바퀴 돌았을 때, 바닥에 칠해진 페인트 자국을 상상해보게 하자. 머릿속에는 이미 직사각형 모양의 페인트 자국이 그려져 있어야 할 것이다. 보이지 않을 뿐 이미 바닥에 페인트 자국이 남아 있다.

위 문제는 결국 롤러라는 원기둥 옆면의 넓이의 3배를 구하라는 문제이다.

> 한 바퀴를 돌았다는 것은 원기둥의 옆면의 넓이와 같다는 것을 의미한다.

A 바닥에 닿는 면은 원기둥의 어떤 면이니?

B 옆면이요.

A 한 바퀴 돈 거리는 원기둥의 무엇과 같을까?

B 원주와 같아요.

A 그럼, 한 바퀴를 돌았을 때, 바닥에 칠해진 부분을 그려보아라.

B 이렇게 그릴 수 있어요.

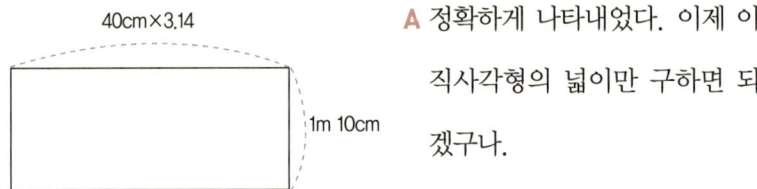

A 정확하게 나타내었다. 이제 이 직사각형의 넓이만 구하면 되겠구나.

B 예. 직사각형의 넓이를 구한 후에 3배를 해주면 되요. 40×3.14×110×3처럼요.

[문제 4] 6학년 2학기 – 겉넓이와 부피

밑면의 반지름이 4cm, 높이가 8cm인 원기둥을 오른쪽 도형 〈가〉와 같이 잘랐습니다. 도형 〈나〉가 위에서 본 그림일 때, 도형 〈가〉의 부피를 구하시오.

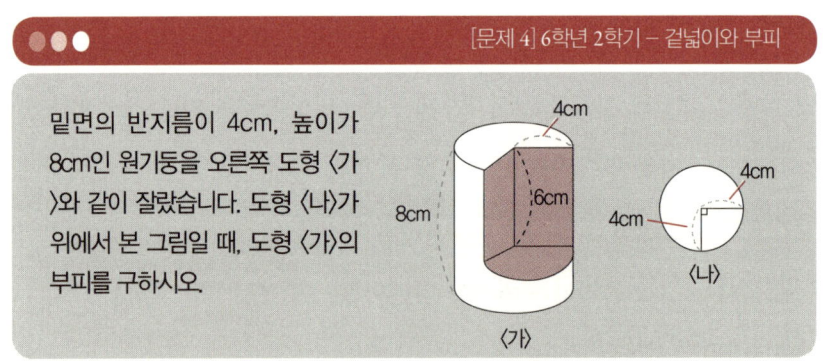

위의 문제도 완전한 원기둥에서 잘려나간 모양이다. 그림을 통해, 잘려나간 모양이 어떤 모양인지 상상해보도록 한다. 잘려나간 부분의 부피는 높이가 6cm인 원기둥의 $\frac{1}{4}$만큼이다.

위와 유사한 문제들은 얼마든지 많다. 평면도형에서도 도형의 일부를 없앤 후 그 나머지 넓이를 구하라는 문제, 각에서도 원래의 각을 나누어 각의 일부를 구하라는 문제 등이 그것이다. 그러므로 가장 기본적인 문제를 변형한 것들에 대해 다양한 경험을 할 필요가 있다.

A 원기둥의 부피를 구하는 방법을 알고 있니?

B 예.「밑면인 원의 넓이×높이」예요.

A 그런데 이 도형은 완전한 원기둥이 아닌데, 어떻게 부피를 구할 수 있을까?

B 잘려나가기 전의 완전한 원기둥의 부피를 구한 후에 잘려나간 도형의 부피를 빼주면 되요.

A 완전한 원기둥의 부피는 구할 수 있을 것 같은데, 잘려나간 부분의 부피를 구하는 것이 문제구나. 도형 〈나〉를 참고할 필요가 있을 것 같은데.

B 원의 $\frac{1}{4}$만큼이 잘려나갔으니까, 원의 넓이에 $\frac{1}{4}$을 곱해주면 되겠네요.

A 좋은 생각이다. 네가 말한 내용을 간단하게 정리해보자.

B 예. 도형 〈가〉의 부피는 (완전한 원기둥의 부피)−(잘려나간 원기둥의 부피)=$(4×4×3.14×8)−(4×4×3.14×\frac{1}{4}×6)$이라고 정리할 수 있어요.

「원의 넓이÷4」를 할 수도 있지만, 대부분 $\frac{1}{4}$인 분수를 곱해주는 것이 계산하기가 쉽다. 특히 소수나 분수가 있을 경우에는 더욱 그러하다.

A 정말 잘했다. 보이지 않는 것도 볼 수 있는 능력은 너처럼 꾸준한 노력 없이는 이룰 수 없는 대단한 능력이란다.

개념
12

단위가 바뀌어도 두렵지 않다
단위변환

아이마다 약간의 차이가 있을 수 있겠지만, 많은 아이들이 '측정' 영역을 어려워한다. 그럴 때, 대부분 아이에게 문제가 있다고 여긴다. 그러나 이 경우에 무조건 아이의 능력을 문제 삼는 것은 큰 잘못이다. 가르치는 학부모의 교수 방법에 문제가 없는지를 먼저 따져보아야 한다. 필자가 경험한 바에 따르면, 학부모의 교수 방법에 문제가 있는 경우가 대부분이었다.

잘못된 교수 방법의 예를 들어보자. 2학년 교과서에 길이의 단위인 'm'와 'cm'가 등장한다. 학부모는 아이에게 '1m=100cm'라는 수학적 지식이 있다고 가정하고, 15m가 1500cm와 동일하다는 사실을 아이가 이해하지 못했을 경우에는 어찌할 바를 모른다. 왜 1m가 100cm인 것은 알면서, 15m가 1500cm인 것을 이해 못하는지, 학부모는 도무지 이해하지 못한다. 아이가 단위변환을 어려워하는 이유를 모르기 때문에, 아이가 수학에 능력이 없다고 단정해버리는 오류를 범하게 된다.

다시 앞의 문제로 돌아가 보자. 15m가 1500cm와 같다는 것을 이해하지 못한 아이에게 다음과 같이 가르치는 학부모도 있다. '1m=100cm, 그렇다면 2m는 몇 cm와 같을까? 3m는? … 9m는?' 여기까지는 아이들이 쉽게 대답할 수 있을 것이다. 같은 숫자가 등호 양쪽에서 똑같이 변하고 있기 때문이다. 그와 같은 반복성을 이용하여 '10m는? 15m는?'이라고 묻는다면 대부분의 아이가 정확하게 답할 것이다.

> 단위변환을 어려워하는 아이는, 일단 단위에 대한 개념을 충분히 이해하지 못하고 있다. 즉 1m가 어느 정도의 길이인지 모른다. 이 얘기가 당신의 자녀에게 해당된다면, 즉시 책에서 손을 놓고 자녀에게 다가가 1m(또는 100cm)가 어느 정도인지를 물어보라. 10m는 지금 서 있는 이곳부터 어디까지인지 한번 걸어가 보라고 말이다.

위와 같은 귀납적인 방법으로 문제해결을 도와주는 것도 좋은 방법이다. 이런 방법을 아이가 활용할 수 있는 능력을 갖출 수만 있다면, 앞으로도 유용하게 써먹을 수 있다. 그렇다고 마냥 좋아할 필요는 없다. 아이가 정확하게 답을 할 수 있었던 것은 단위변환을 완전하게 할 줄 알았기 때문이 아니라, 패턴의 변화, 즉 반복성의 원리를 이해했기 때문이다.

위의 경우 외에도, 들이 단위인 L와 mL의 관계, 무게 단위인 g과 kg, t의 관계, 넓이의 단위인 cm^2와 m^2, km^2, a, ha와의 관계, 부피 단위인 cm^3와 m^3와의 관계도 정확한 변환을 이해할 수 있도록 지도해야 한다. 단위변환 지도 시 유의해야 할 점은 넓이의 단위이다. cm^2와 m^2는 생김새가 비슷하기 때문에 같은 종류의 단위라는 생각을 할 수 있으며 $1m^2=10000cm^2$라는 사실을 구체적인 활동을 통해 이해

> 들이나 무게, 넓이, 부피 등도 그 감각을 지닐 수 있도록 도와줘야 하는 것은 당연하지만, 1a=100m^2처럼 1L=1000mL, 1kg=1000g, $1m^2$=1000000cm^2는 자동적으로 출력될 수 있도록 외워두는 것이 좋다.

시킬 수 있지만, a나 ha와의 관련성은 증명할 구체적인 방법이 없다. 그래서 1a=100m²라는 지식을 외울 수밖에 없다.

이러한 단위변환 문제는 측정 영역에서만 나오는 것이 아니다. 4학년의 수와 연산 영역인 〈분수〉, 〈소수〉 단원에서도 단위변환의 문제가 등장한다. 다시 말해, 감각을 키우는 활동만 가지고 단위변환 문제를 완벽하게 해결할 수 있는 건 아니라는 뜻이다.

분수를 소수로, 소수를 분수로 바꾸는 활동 과정에 등장하는 수많은 문제 중, 대체로 다음과 같은 유형의 문제를 특히 어려워한다. 그러나 단위에 대한 감각이 있는 아이의 경우에는 이해 속도가 훨씬 빠를 것이다.

> 무게가 0.61kg인 상자에 배 868g이 담겨 있습니다. 이 상자에 복숭아 1.7kg을 담았습니다. 복숭아와 배가 담긴 상자의 무게는 몇 kg입니까?

앞서 1m=100cm라는 수학적 지식을 통해, 15m=1500cm라는 사실을 알게 되는 과정과는 다른 유형의 문제이다. 위의 문제는 소수와 분수의 변환에 대한 지식을 갖고 있어야 하고, 1kg=1000g, 1g=0.001kg라는 사실을 알고 있어야만 해결이 가능하다. 무게에 대한 감각이 있는 아이라면 문제를 읽자마자 문제 상황을 머릿속에 떠올릴 것이고, 제시된 무게가 얼마만큼 되는지를 가늠해볼 것이다. 그러므로 이해 속도가 빠를 수밖에 없다.

앞서 길이 단위의 변환 문제에서 예로서 설명했듯이, 귀납적인 방법으로 868g이 0.868kg과 같다는 것을 알게 해주는 것도 도움이 된다. 하지만 위와 같은 방법도 패턴을 통해 868g이 0.868kg과 같다는 걸 아는 것이지, 진정으로 단위변환의 원리를 정확히 터득했다고 보기 어렵다.

그러므로 868g을 반드시 분수로 고쳐보게 하라. 1g=0.001kg이고, $0.001=\frac{1}{1000}$ 인 것은 이미 알고 있을 것이기 때문에, 다음처럼 바꾸어 표현하도록 유도해야 한다.

$$868g = \frac{868}{1000}g = 0.868g$$

> 분수와 소수의 변환을 자연스럽게 할 수 있을 때까지, 이런 과정을 지속적으로 경험할 수 있도록 안내해 주는 것도 잊지 말아야 한다.

기본적인 수학적 지식을 갖게 된 상태에서 이러한 활동을 지속적으로 하게 되면, 소수를 분수로, 분수를 소수로 고치는 활동이 매우 자연스러워질 것이다. 굳이 노트에 적지 않더라도 일련의 변환 과정이 머릿속에서 한순간에 진행되기 때문이다.

🔖 엄마와 함께 풀어보아요!

단위를 알았다고 해서, 단위의 변환을 할 줄 안다고 착각해서는 안 된다. 해당 단원에서 단위변환을 확실하게 해두지 않으면 학년이 거듭될수록 어려워진다.

> [문제 1] 3학년 1학기 8단원 – 길이와 시간
>
> 길이가 30cm인 종이테이프를 8mm씩 겹쳐 붙여서, 길이가 2m보다 길고 2m 20cm보다 짧게 만들려고 합니다. 종이테이프를 몇 장 붙여야 합니까?

문제해결을 보다 쉽게 하기 위하여 단위변환을 요구하고 있다. 한편으로 적절한 문제해결 전략을 요구하고 있기도 하다. 3학년 수준에 맞는 시행착오를 통한 전략 즉, '예상해보기'를 통해 문제를 해결해보도록 한다.

개념 10 '감각을 키워라'의 [문제 2]와 유사한 문제이다. 아이가 문제 상황을 그림으로 나타내고, 그 길이를 쉽게 구할 수 있는 방법을 알게 하는 것이 최후의 방법이라고 한 바 있는데, 그 방법을 이용하여 예상해보기를 통한 해결 방법을 생각해보도록 한다.

> 예상해보는 활동은, 2m보다 길고 2m 20cm보다 짧은 종이테이프를 만들기 위해, 30cm 종이가 대충 몇 개 필요한지를 예상해보는 것이다.

A 일단, 단위가 여러 종류이니까 통일해 보자.

B 2m는 200cm로, 2m 20cm는 220cm로 바꾸면 좋겠어요.

A 좋아. 그러면 30cm의 종이가 몇 장 정도 있었을 때, 200cm에 가까울

지 예상해보자.

B 7장이나 8장 정도일 것 같아요. 8mm씩 겹쳐지지 않았다고 생각해보면, 30cm가 7장 있으면 210cm인데 200cm에 가깝잖아요.

A 그런지 한번 해볼까?

B 좋아요. 종이 수가 7장이니까 겹치지 않았다고 생각하면 전체 길이는 210cm이고, 겹친 부분은 모두 6곳이니까 8×6=48mm네요. 48mm는 5cm보다 작은 수이므로 전체 길이는 200cm보다는 길고, 220cm보다는 짧아요.

> 아이가 이런 대답을 하지 못한다면, 직접 종이를 이용하여 조작 활동을 해보도록 한다. 종이를 2장, 3장, 4장… 붙였을 때, 「한 장의 종이 길이×종이 수 – 겹친 부분의 길이×겹친 부분의 수」를 하게 되면 전체 길이가 된다는 것을 알 수 있도록 말이다.

A 잘했다. 네 말을 정리해보면, 종이 7장을 이어 붙였을 때 2m보다 길고 2m 20cm보다 짧은 종이테이프가 만들어진다는 말이지.

B 정리를 참 잘하셨어요.

> 뺄셈을 통해 정확한 길이를 구해도 좋다. 여기에서는 종이 수를 7장으로 예상해서 주어진 조건을 만족시켰지만, 8장으로 예상했다면 주어진 조건보다 큰 수가 나올 수밖에 없을 것이다. 그러면 종이 수를 적게 하여 같은 방법으로 전체 길이를 구해야 한다.

[문제 2] 4학년 1학기 7단원 – 소수

무게가 0.61kg인 상자에 배 868g이 담겨 있습니다. 이 상자에 복숭아 1.7kg을 담았습니다. 복숭아와 배가 담긴 상자의 무게는 몇 kg입니까?

문제 분석은 비교적 용이하기 때문에, 결국 정확한 단위변환능력을 요구하고 있다고 볼 수 있다. 그러나 단위변환에 어려움이 있는 아이라면 즉, 868g을 즉각적으로 0.868kg으로 변환하지 못한다면, 앞에서도 설명했듯이 귀납적인 방법을 통해 위의 문제를 해결할 수도 있다. 다음처럼 말이다.

A 1kg은 몇 g과 같지?

B 1000g이요.

A 그럼 1g은 몇 kg과 같을까?

B 0.001kg이요.

> 이 변환 과정은 단원을 시작하자마자 배우게 된다. 만약 이러한 사실조차 알지 못한다면, 교과서를 펼쳐 놓고 1g이 0.001kg과 같다는 것을 다시 공부해야 한다.

A 그럼, 2g, 3g, 4g…을 kg으로 바꿔봐라.

B 0.002kg, 0.003kg, 0.004kg…이요.

A 그렇다면 10g, 11g, 12g…도 몇 kg과 같은지 말해보렴.

B 0.010kg, 0.011kg, 0.012kg…이요.

그럼 본격적으로 문제를 풀어보자.

A 문제에서 우리가 알 수 있는 것은 뭐지?

B 상자의 무게가 0.61kg, 배의 무게가 868g, 복숭아의 무게가 1.7kg이라는 거요.

A 문제를 해결하기 위해서 먼저 해야 할 일은 뭘까?

B 868g을 kg으로 바꾸어야 해요.

A 그래. 그렇다면 868g은 몇 kg과 같을까?

B ……. <!-- 자녀가 답을 하지 못하면, 앞 페이지와 같은 절차를 밟는다. -->

A 1kg은 몇 g과 같지?

B 1000g이요.

A 그럼 1g은 몇 kg과 같을까?

B 0.001kg이요.

A 좋다. 그렇다면 1g이 왜 0.001kg과 같은지 분수를 이용하여 설명해봐라.

B 1g은 1kg을 1000개로 나눈 것 중의 하나이기 때문에 $\frac{1}{1000}$kg이라고 하고, $\frac{1}{1000}$kg은 0.001kg과 같아요.

<!-- 만약 자녀가 이런 대답을 하지 못한다면 엄마가 같은 설명을 해줘야 한다. -->

A 2g, 3g…도 같은 방법으로 나타내볼 수 있겠니?

B 2g은 $\frac{2}{1000}$kg과 같고, 0.002kg이라고 해요. 3g도 $\frac{3}{1000}$kg과 같고, 0.003kg이라고 하고요.

A 868g도 같은 방법으로 바꿔보자.

B 868g은 $\frac{868}{1000}$kg과 같고, 0.868kg이라고 해요.

A 이제 모든 준비가 끝났구나. 그럼 문제를 해결해보자.

B 예. 복숭아와 배가 담긴 상자의 무게는 「복숭아의 무게+배의 무게+상자의 무게」이니깐 0.61+0.868+1.7=3.178kg이에요.

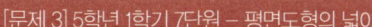

[문제 3] 5학년 1학기 7단원 – 평면도형의 넓이

오른쪽 그림과 같이 한 변의 길이가 10m, 8m, 6m인 정사각형 3개를 그렸을 때, 색칠한 부분의 넓이는 몇 a입니까?

모든 변이 m로 제시되어 있기 때문에, 넓이의 단위인 m^2가 등장해야 한다. 이 단위를 a로 바꾸라는 문제이다. $1a=100m^2$라는 사실을 알고 있는지, 주어진 문제에 대한 해결 전략을 구사할 수 있는 능력이 있는지를 동시에 묻고 있다.

질문을 '몇 ha입니까?'라고 할 수도 있다.

색칠된 부분은 직각삼각형 1개와 사다리꼴 2개의 도형으로 이루어져 있는데, 직각삼각형의 경우에는 밑변이, 중간에 있는 사다리꼴은 윗변과 아랫변이, 맨 끝에 있는 사다리꼴은 윗변에 대한 정보가 없기 때문에 곧바로 그 넓이를 구할 수 없다.

A 색칠한 부분의 넓이를 곧바로 구할 수가 없구나.

B 예. 삼각형의 넓이는 밑변과 높이, 사다리꼴은 윗변과 아랫변, 높이를 알아야 하는데, 이 그림에서 직각삼각형은 밑변, 중간에 있는 사다리꼴은 윗변과 아랫변, 맨 끝에 있는 사다리꼴은 윗변의 길이를 알 수가

없어요.

A 그렇다면 세 도형이 모두 정사각형이라는 사실을 충분히 활용해야 할 것 같구나. 또한 색칠되지 않은 직각삼각형도 이용이 가능할 것 같고 말이야.

B 그러네요. 세 정사각형의 넓이를 구할 수 있고, 색칠되지 않은 직각삼각형도 밑변과 높이를 알 수 있어요.

A 그럼, 정사각형의 넓이부터 구해보자.

B 가장 큰 직사각형은 $10 \times 10 = 100m^2$, 그 옆의 직사각형은 $8 \times 8 = 64m^2$, 맨 오른쪽은 $6 \times 6 = 36m^2$이니까, $100+64+36=200m^2$네요.

A 잘했어. 이번에는 직각삼각형의 넓이를 구해보자.

B 색칠되지 않은 직각삼각형은 밑변이 24m, 높이가 10m이므로, $24 \times 10 \times \frac{1}{2} = 120m^2$이네요.

A 이제 색칠된 부분의 넓이를 a와 ha로 나타내보자.

B 색칠된 부분의 넓이는 $200-120=80m^2$이므로, 0.8a, 0.008ha예요.

> $100m^2=1a=0.01ha$이므로, $80m^2=0.8a=0.008ha$이다.

[문제 4] 6학년 2학기 – 겉넓이와 부피

오른쪽 그림과 같이 직육면체 모양의 그릇에 물을 가득 담아 바닥의 한 모서리를 중심으로 기울였더니, 오른쪽 그림과 같이 되었습니다. 남아 있는 물은 몇 L입니까?

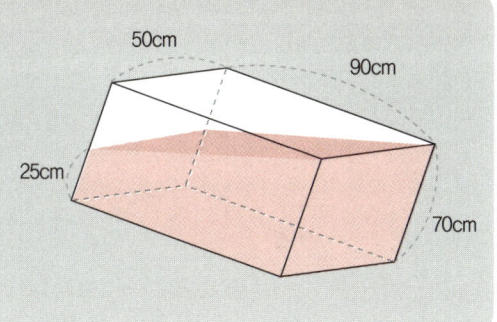

미터법에서 부피의 표준 단위는 1리터(L)이다. 1L는 각 모서리가 10cm인 입체도형의 부피인 셈이다. 즉, 10cm×10cm×10cm=1000cm^3=1L라고 말할 수 있다. 이를 좀 더 구체적으로 정리하면 다음과 같다.

$$1000cm^3 = 1000mL = 1L = 0.001kL = 0.001m^3$$

앞의 문제와 마찬가지로, 위 문제도 단위변환능력과 문제해결 전략구사 능력을 동시에 묻고 있다. 직육면체의 부피를 구하는 방법을 이해하고 있다면, 물의 부피를 구할 단서를 찾을 수 있다. 즉, 직육면체의 밑바탕이 직사각형 모양이고, 이 모양이 쌓이면서 높이가 만들어졌기 때문에, 이 문제도 사다리꼴 모양(왼쪽 면이 바닥면에 있다고 상상해보라)이 밑바탕이 되고, 그 사다리꼴 모양이 50cm 쌓이면서 부피가 생기게 되었다고 할 수 있을 것이다.

아래 그림을 비교하면 쉽게 이해할 수 있을 것이다.

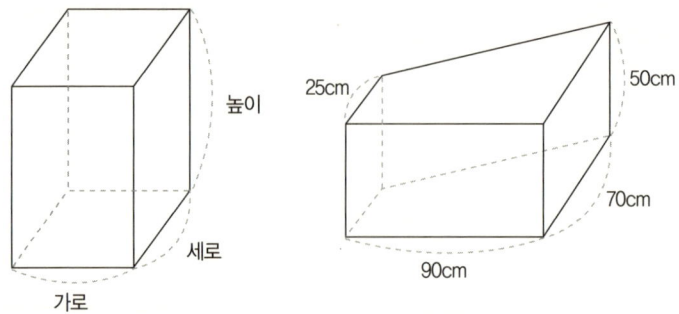

A 직육면체나 원기둥의 부피가 왜 「밑넓이(밑면의 넓이)×높이」였는지 설명해볼 수 있겠니?

B 직육면체는 직사각형인 밑면이 계속해서 똑같은 넓이를 가지면서 위로 쌓였기 때문이고, 원기둥도 밑면인 원이 계속해서 똑같은 원의 넓이를 가지면서 위로 쌓였기 때문이에요.

A 그렇지. 그럼 이 문제도 그런 측면에서 생각해볼 수 없을까?

B 이 문제는 밑면이 계속해서 위로 쌓이는 게 아니잖아요(밑면이 서로 평행하지 않잖아요).

A 아래쪽과 위쪽에 있는 면만을 밑면으로 생각한다면, 이 문제를 해결할 수가 없단다. 그러나 왼쪽에 있는 면과 오른쪽에 있는 면을 밑면으로 생각할 수도 있지 않니?

B 아, 그렇구나. 왼쪽에 있는 면을 밑면으로 본다면, 사다리꼴 모양이 계속해서 위로 쌓이는 모양이라고 볼 수 있겠네요. 즉, 사다리꼴을 밑면으로 하고 높이는 50cm인 입체도형이라고 볼 수 있으니까, 부피를 구할 수 있어요.

A 좋아. 부피를 구한 후에 해야 할 일이 한 가지 더 있다는 걸 잊지 말아라.

B 부피 단위가 cm^3이니까, 이것을 L로 바꿔야 하겠네요. $1000cm^3=1L$이기 때문에, 어렵지 않을 것 같아요… 밑변(사다리꼴)의 넓이는 $(25+70)\times 90 \times \frac{1}{2}$이고 높이는 50cm이니, 이를 하나의 식으로 나타내면 $(25+70)\times 90 \times \frac{1}{2} \times 50 = 213750 cm^3$, 이를 L로 변환하면 213.75L네요.

개념
13

공식은 논리다
넓이와 부피를 구하는 공식

초등수학에서 배우는 넓이와 관련된 평면도형을 순서대로 정리하면 다음과 같다. 「직사각형(정사각형) → 평행사변형 → 삼각형 → 사다리꼴 → 마름모 → 원」의 순이다. 겉넓이, 부피와 관련된 입체도형은 「직육면체(정육면체) → 원기둥」이다.

이렇게 넓이를 구하는 방법을 익히기 위해, 도형의 순서를 정한 것은 그만한 이유가 있다. 직사각형이 넓이의 개념과 넓이를 구하는 방법을 지도하는 데 가장 쉬운 도형이기 때문이다.

> 배우는 아이들 입장에서도 다른 도형들보다 받아들이기 쉽다.

일단 직사각형의 넓이를 구하는 방법을 알고 나면, 나머지 도형들의 넓이를 구하는 방법도 직사각형의 그것을 이용해야만 한다. 그렇게 유도하고 있다. 4학년에서는 직사각형의 넓이만을 다루고 있는데, 평행사변형이나 삼각형의 넓이를 구하는 방법을 묻는다면 교육 과정을 제대로 이해하지 못한 경우이다. 그러나 직사각형의 넓이를 구하는 방법을 알았다면, 5학년 때 배우게 될 평행사변형이나 삼각형의 넓이를 구하는 방법을 추론해보도록 유도할 수 있을 것이다.

직사각형의 넓이가 가로와 세로의 곱이라는 원리를 알았다면, 이를 통해 평행사변형과 삼각형의 넓이 구하는 방법을 발견하기 위해서는 도형의 분해에 대한 감각이 필요하다.

> 굳이 밑변이니 높이니 하는 용어들을 쓰도록 강요할 필요는 없다. 그 원리만 스스로 깨우치면 되니 말이다.

'직사각형의 넓이 구하는 방법을 이용하여 평행사변형 또는 삼각형의 넓이 구하는 방법을 설명해보라'라는 서술형 문제를 푼다고 생각하고 다음 그림을 보자.

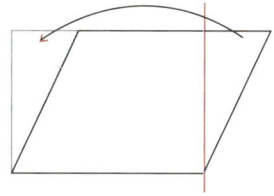 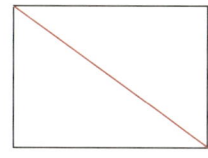

평행사변형을 놓고, 그림과 같이 오른쪽만큼을 잘라 왼쪽에 갖다 붙이면 직사각형과 넓이가 같아진다. 결국 평행사변형의 넓이는 직사각형의 넓이를 구하는 방법과 같다. 오른쪽에 있는 직사각형도 대각선을 따라 자르면 직각삼각형이 만들어지게 된다. 그 말은 삼각형 넓이는 직사각형 넓이의 절반이라는 뜻과 같다.

> 이 말을 정확한 개념을 사용하지 않고 표현해본다면, 평행사변형은 「가로×세로(직사각형의 세로와 그 의미가 다름)」, 삼각형은 「가로×세로÷2」라고 할 수도 있다.

정사각형, 삼각형, 평행사변형의 넓이 구하는 방법을 이해했다면, 이제 그러한 방법을 이용하여 사다리꼴과 마름모의 넓이를 구하는 방법을 추리해볼 수 있다. 사다리꼴은 평행사변형과 삼각형의 합 또는 평행사변형처럼 한쪽을 잘라 다른 쪽에 갖다 붙이는 방법으로 그 넓이를 구할 수 있다. 마름모의 넓이는 마름모를 둘러싼 직사각형을 그려보았을 때, 마름모는 그 직사각형 넓이의 절반이라는 사실을 이용하거나, 마름모를 대각선으로 잘라 삼각형 2개나 4개의 합으로 그 넓이를 구할 수 있다.

이런 방식의 지도가 반드시 필요하다. '수학'은 우리에게 논리적인 사고능력을 기를 수 있는 이런 기가 막힌 소재를 최대한 활용해달라고 요구하고 있는 것이다.

겉넓이는 입체도형에게만 있는 개념인데, 도형을 둘러싸고 있는 면 넓이의 합이라 생각하면 좋다. 직육면체는 6개 면 넓이의 합이고, 원기둥의 겉넓이도 3개 면의 합이다.

부피를 구하는 방법도 직육면체로부터 출발한다. 가장 밑단에 「가로×세로」에 해당하는

> 이때 주의해야 할 것은 옆면의 넓이가 직사각형이라는 점. 전개도를 통해 그 사실을 이해해야 한다.

넓이가 있는데, 이 넓이만큼이 계속해서 위로 쌓이는(높이) 형태가 바로 부피의 개념이다. 즉, 직사각형의 넓이에 높이를 곱하면 직육면체의 부피가 된다. 원기둥도 마찬가지다. 가장 밑단에 「반지름×반지름×3.14(원주율)」에 해당하는 원의 넓이가 있는데, 이 넓이만큼이 계속해서 위로 쌓이는(높이) 형태가 원기둥의 부피를 구하는 방법이다.

이쯤에서 짚고 넘어가야 할 대목이 원의 넓이를 구하는 방법이다. 원의 넓이가 왜 「반지름×반지름×3.14」를 해야만 구할 수 있는가이다. 다음 그

림을 보자.

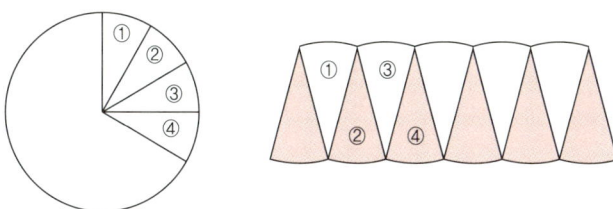

일단 원을 그림과 같이 잘게 잘라 오른쪽과 같은 모양으로 붙인다면, 직사각형 모양이 될 것이다. 이때 세로는 원의 반지름과 같을 것이고, 가로는 원의 둘레(원주)의 절반이 될 것이다. 즉 원의 넓이는 「세로×원의 둘레의 절반」이라고 말할 수 있는데, 문제는 원의 둘레를 어떻게 구하는가이다. 어떤 원도 둘레의 길이는 지름의 약 3.14배이다. 줄자를 이용하여 원기둥 모양의 지름과 원의 둘레를 재어보면, 둘레가 지름의 3.14배라는 것을 알 수 있다.

> 원의 넓이=세로×원 둘레의 절반=반지름×지름×3.14÷2=반지름×지름÷2×3.14= 반지름×반지름×3.14

넓이와 부피에 이 정도의 원리만 이해해도 충분하다. 계산 과정에서 실수만 저지르지 않는다면, 기본적인 문제해결의 완성도는 매우 높을 것이다. 결국 개념이나 원리가 복합된 문제, 부족한 단서를 발견하기 위해 도형을 분해하거나 결합시켜야만 해결될 수 있는 문제, 분석을 요하는 문장제 문제 등은 아이의 개방적이고 숙련된 전략구사능력을 필요로 한다.

엄마와 함께 풀어보아요!

공식이 도출되기까지의 과정을 설명하게 한다. 그 과정을 설명하는 동안 아이는 논리적인 생각을 연습할 수 있고, 또한 서술형과 논술형 평가에 대한 감각을 키울 수 있을 것이다.

[문제 1] 4학년 2학기 5단원 – 평면도형의 둘레와 넓이

다음 모눈종이 위에 넓이가 16㎠인 직사각형을 있는 대로 그리고, 모두 몇 개인지 적으시오. (단, 작은 눈금 하나는 1cm라고 하고, 돌리고 뒤집어서 겹쳐지는 것은 같은 것으로 합니다)

위와 같은 문제는 영재교육원이나 창의사고력을 측정하기 위해 자주 출제되는 유형이다. 이러한 유형의 문제가 중요한 의미를 지니고 있는 이유는 넓이에 대한 개념과 넓이 구하는 방법을 적용할 수 있는가, 가로와 세로에 해당하는 어떤 두 수를 찾기 위해 16의 약수를 활용할 수 있는가, 도형의 변환을 이해하고 있는가를 동시에 묻고 있다는 것이다.

> 넓이가 16㎠가 되기 위해서는 어떤 두 수의 곱을 생각해봐야 한다. 그 어떤 두 수는 16의 약수이다.

A 직사각형의 넓이를 구하기 위해서 알아야 할 것은 무엇이지?

B 가로와 세로의 길이요.

A 그렇다면 가로와 세로의 수를 곱해서 16이 되는 것을 찾아봐야겠구나.

B 예. 1×16, 2×8, 4×4, 8×2, 16×1이에요.

> 어떤 아이들은 어떤 두 수를 곱해서 16이 되는 수들을 찾으라고 하면, 마구잡이식으로 4×4, 8×2, 1×16…처럼 적는데, 가장 작은 수 1과 어떤 수 곱하기, 그 다음 2와 어떤 수 곱하기의 순서대로 정리하도록 유도해야 한다.

A 잘 찾았어. 그러니까, 1×16은 가로가 1cm, 세로는 16cm라는 뜻이고, 2×8은 가로가 2cm, 세로는 8cm라는 뜻이구나.

B 예. 4×4는 가로가 4cm, 세로가 4cm인 정사각형을 뜻하는 것이고요.

A 좋아. 그런데 8×2와 16×1은 돌리기를 했을 때, 2×8, 1×16과 겹쳐지는 모양인 것 같구나.

B 그러면 1×16, 2×8, 4×4, 세 가지 경우만 해당되겠네요. 이것을 그림으로 나타내면 다음과 같아요.

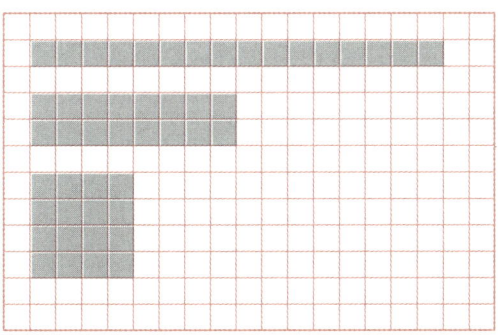

> **[문제 2] 5학년 1학기 7단원 – 평면도형의 넓이**
>
> 사다리꼴의 넓이는 (윗변+아랫변)×높이×$\frac{1}{2}$을 통해 구할 수 있다. 이러한 공식이 어떻게 만들어졌는지, 삼각형, 평행사변형의 넓이 구하는 방법을 이용하여 설명하라.

사다리꼴의 넓이 공식인 「(윗변+아랫변)×높이×$\frac{1}{2}$」이 어떻게 생성되었는지, 이미 배웠던 삼각형의 넓이가 「밑변×높이×$\frac{1}{2}$」이라는 사실을 이용해보라는 문제다. 사다리꼴 하나를 덧붙여 평행사변형을 만들어보고, 「밑변×높이」를 이용해보라는 문제이다. 삼각형의 넓이, 평행사변형의 넓이, 사다리꼴의 넓이 구하는 공식을 무조건 외우기만 했다면, 이 문제는 손대기조차 어려울 것이다. 그러나 이러한 문제들이 앞으로의 주요 흐름인 만큼, 논리적인 접근 방법들을 터득해 설명할 수 있도록 교육해야 한다.

A 일단 사다리꼴 모양을 분해해봐야겠구나. 삼각형 모양이 되도록 말이야. 그래야 삼각형의 넓이 구하는 방법을 이용할 수 있으니깐. 그리고 평행사변형 모양도 만들어봐야겠구나.

B 예. 사다리꼴 모양을 다음과 같이 나누면 삼각형 모양 2개가 만들어지고, 사다리꼴 원래의 모양에 그것을 뒤집어 옆에다 붙이면 오른쪽과 같은 평행사변형 모양이 만들어져요.

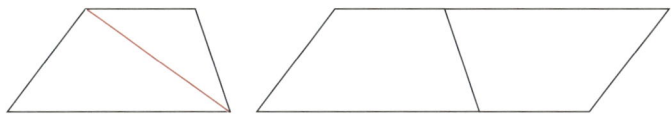

A 잘했다. 이제 삼각형 두 개가 있는 그림으로부터 사다리꼴의 넓이 구하는 공식을 추리해 보자.

> 왼쪽 그림은 다른 대각선 방향으로 나누어 삼각형 두 개를 만들 수도 있다.

B 삼각형이 두 개가 있으니까, 「아랫변×높이×$\frac{1}{2}$ + 윗변×높이×$\frac{1}{2}$」이라고 할 수 있어요. 이것을 정리하면, 「(아랫변+윗변)×높이×$\frac{1}{2}$」라고 할 수 있어요.

> 분배법칙을 배우지 않았지만, 2×5+3×5=(2+3)×5임을 직간접적으로 터득했을 것이므로, 이런 예들을 통해 지도하면 좋다.

A 잘했다. 이번에는 평행사변형 모양으로부터 사다리꼴의 넓이를 구해보자.

B 사다리꼴은 평행사변형의 절반이니까요, 「밑변×높이×$\frac{1}{2}$」을 하면 되요.

A 밑변에 해당하는 것은 「아랫변+윗변」이겠구나.

B 예. 그래서 정리해보면 「(밑변)×높이×$\frac{1}{2}$=(윗변+아랫변)×높이×$\frac{1}{2}$」라고 할 수 있어요.

> 아랫변, 윗변이라는 말을 굳이 쓰지 않아도 좋지만, 평행사변형의 밑변은 사다리꼴의 위아래 두 변의 합이라는 것을 어떤 형태로든 표시해야 한다.

> 교과서에서는 평행사변형을 만들어 사다리꼴의 넓이 구하는 방법을 유도하고 있음에 유의하자.

[문제 3] 6학년 2학기 – 겉넓이와 부피

직육면체의 겉넓이를 구하는 방법을 이용하여 원기둥의 겉넓이 구하는 방법을 설명하라.

원기둥의 겉넓이는 직육면체의 겉넓이를 구하는 방법과 동일하다. 직육면체와 원기둥 모두 밑넓이와 옆넓이로 구성되어 있기 때문이다. 다만 차이가 있다면 직육면체는 4개의 옆면으로 이루어져 있다면 원기둥은 하나의 옆면으로 이뤄져 있다는 것뿐이다.

각 기둥의 겉넓이를 무조건 외우기보다는 서로가 갖고 있는 도형의 특징을 비교해보고 그 차이를 깨달음으로써, 겉넓이를 구하는 방법도 그 차이만큼 다르다는 것을 이해할 수 있도록 유도해야 한다.

A 원기둥의 겉넓이를 구하기 위해, 직육면체를 활용해야 한다면, 우선 공통된 부분과 차이를 비교해봐야겠구나.

B 직육면체의 겉넓이가 밑넓이와 옆넓이의 합이기 때문에, 원기둥도 마찬가지일 것 같아요.

A 좋다. 그런데 직육면체의 밑면과 옆면이 모두 직사각형으로 이뤄졌다면, 원기둥의 밑면은 원, 옆면은 직사각형으로 이뤄졌다는 차이가 있구나.

B 예. 그래서 원기둥의 밑넓이는 원의 넓이를 구해야만 해요. 그리고 원기둥의 옆면은 펼친 그림(전개도)을 보면 직사각형이라는 것을 알 수가 있는데, 직사각형의 넓이가 곧 원기둥의 옆넓이라고 할 수 있어요.

A 그럼, 직육면체의 겉넓이 구하는 공식으로부터 원기둥의 겉넓이 구하는 공식이 나오도록 차근차근 정리해보도록 하자.

B 「직육면체의 겉넓이=밑넓이+옆넓이」이니깐 「원기둥의 겉넓이=밑넓이+옆넓이=원의 넓이+직사각형의 넓이」라고 정리할 수 있어요.

A 정리를 잘 했지만, 좀 더 자세하게 나타내보도록 하자.

B 원의 넓이는 「반지름×반지름×3.14」이고, 직사각형의 넓이는 가로에 해당하는 것이 원주이고 세로에 해당하는 것이 원기둥의 높이이니깐, 「원주×높이=지름×3.14×높이」예요. 그러니깐 「원기둥의 겉넓이=밑넓이(반지름×반지름×3.14)+옆넓이(지름×3.14×높이)」라고 정리할 수 있어요.

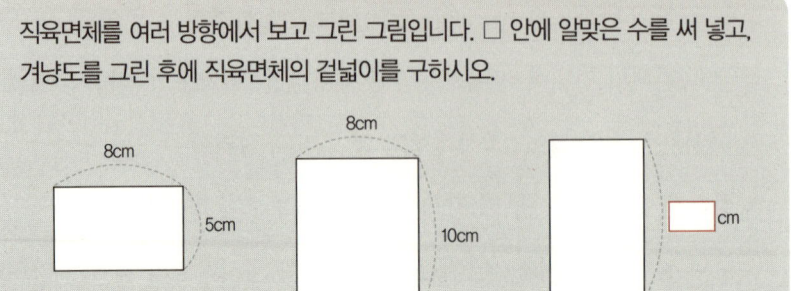

[문제 4] 6학년 2학기 – 겉넓이와 부피

직육면체를 여러 방향에서 보고 그린 그림입니다. □ 안에 알맞은 수를 써 넣고, 겨냥도를 그린 후에 직육면체의 겉넓이를 구하시오.

위 문제도 흥미롭다. 일반적으로 직육면체의 전개도를 보여주고 겨냥도를 그리라는 문제가 대부분이지만, 이 문제는 앞, 옆, 위에서 본 모양을 통해 겨냥도를 그리라고 요구하고 있다.

겨냥도를 통해 밑넓이와 옆넓이를 구할 수 있다. 물론 겨냥도나 전개도 없이 문제에 주어져 있는 단서만으로도 얼마든지 직육면체의 겉넓이를 구할 수 있다.

> 겨냥도를 그릴 때에는 각 모서리의 길이도 나타내야 한다는 점을 잊지 말아야 한다.

A 먼저 □ 안에 알맞은 수부터 찾아보자. 〈옆에서 본 모양〉의 가로에 알맞은 수를 찾으려면, 〈위에서 본 모양〉에서 힌트를 얻어야 해. 또, 〈옆에서 본 모양〉의 세로에 알맞은 수를 찾으려면 〈앞에서 본 모양〉에서 힌트를 얻을 수 있단다.

B 가로의 □는 5cm예요. 〈위에서 본 모양〉의 세로의 길이와 같아요. 세

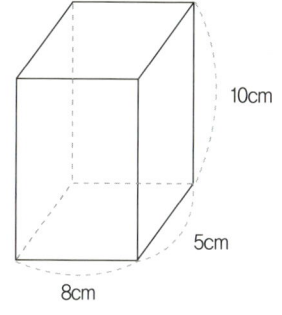

로의 □는 10cm이고요. 〈앞에서 본 모양〉의 세로 길이와 같아요.

A 이제 겨냥도를 그려볼까? 일단, 〈앞에서 본 모양〉을 기준으로 삼으면, 그리기가 쉬울 것 같구나.

B 예. 가로가 8cm, 세로가 5cm, 높이가 10cm인 직육면체예요.

A 잘했다. 이제 밑넓이와 옆넓이를 구하는 일만 남았구나.

B 밑넓이는 $8 \times 5 \times 2$이고, 옆넓이는 $(8+5+8+5) \times 10$이니까, 「겉넓이=$8 \times 5 \times 2 + (8+5+8+5) \times 10 = 340 cm^2$」네요.

> 옆넓이는 $8 \times 10 + 5 \times 10 + 8 \times 10 + 5 \times 10$이라고 해도 좋다.

표와 그래프의 모든 것

4장

확률과 통계 교과 과정

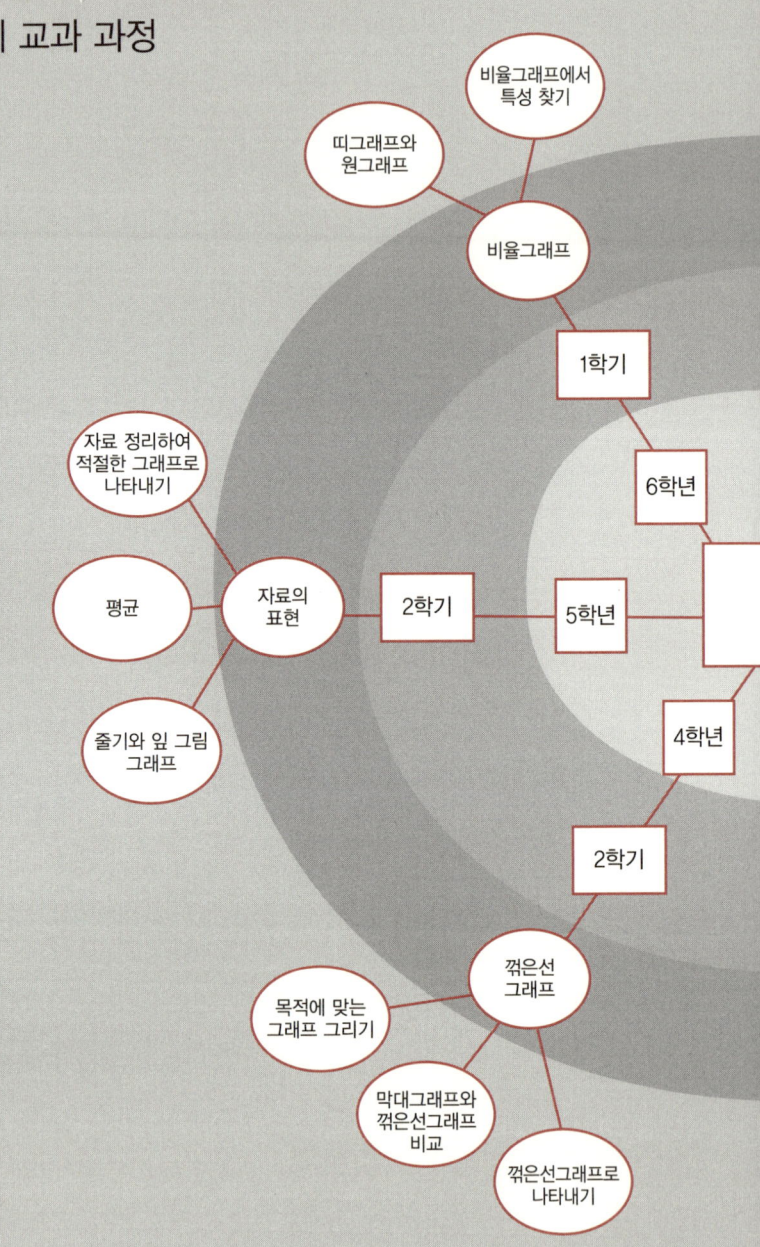

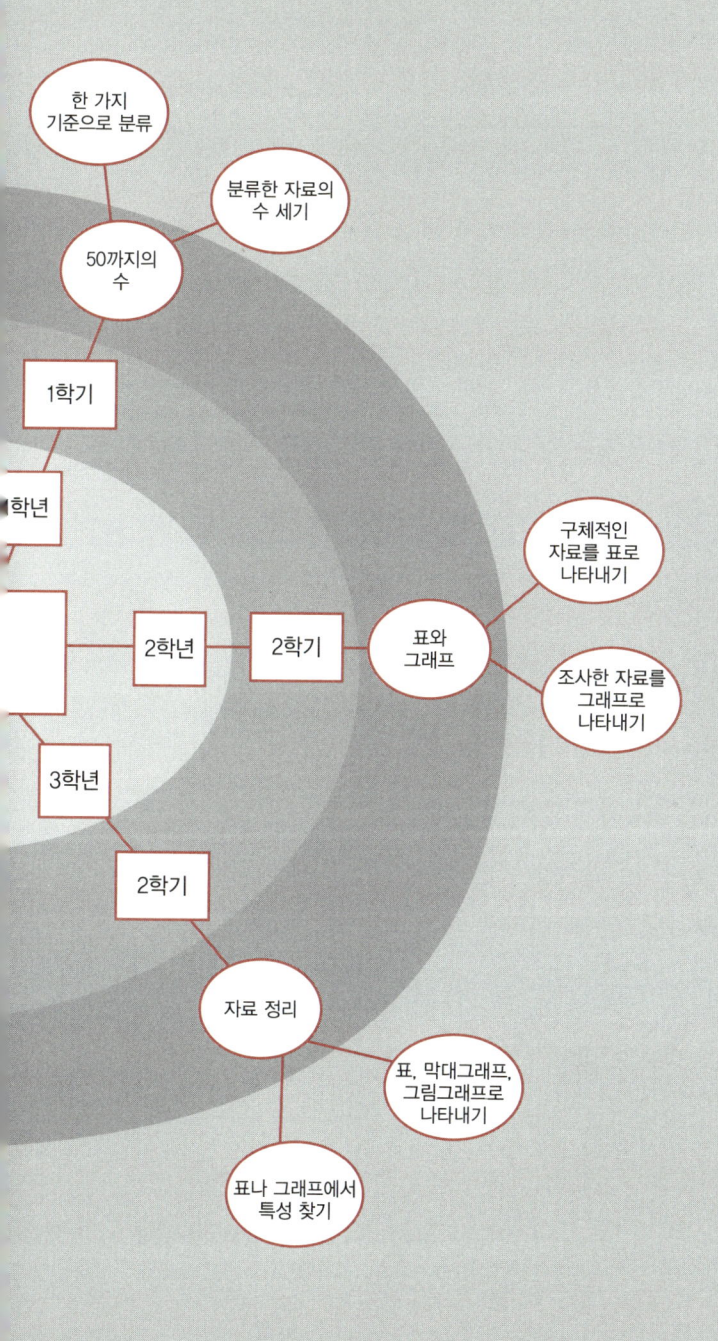

개념 14

기준이 필요하다
표와 그래프 이해

   필자는 현재 조그만 회사를 운영하고 있는 경영자다. 회사를 경영하면서 가장 어려운 일 중의 하나가 선택(의사결정)을 해야 하는 일이다. 좋은 선택을 하기 위해서는 주어진 정보를 기준에 맞게 재구성해 놓고, 그 자료를 다각적으로 검토해야만 한다. 이 과정이 초등수학의 다섯 가지 영역 중에 바로 '확률과 통계'에 해당된다. 주어진 정보를 찾아 정해진 기준에 의거하여, 표나 그래프로 나타내보는 활동, 또는 주어진 표나 그래프를 보고 추론하는 활동은 사회 속에서 참으로 의미 있는 고급 활동이라는 사실을 절감하고 있다.

   이 점에 대해서는 필자뿐만 아니라 기획 관련 업무에 종사하는 사람들이나, 창업 경험이 있는 사람들, 마케팅 및 영업 관련 종사자, 신상품 개발에

몰두하고 있는 개발자 등 누구도 부인하지 못할 것이라 확신한다.

이렇게 의미 있고, 오랜 기간 동안 활용 가치가 많은 분야에 대해 초등 시절부터 심도 있게 학습할 수 있다는 것은 어쩌면 행운일지 모른다. 그럼에도 불구하고, 이 영역이 별로 어렵지 않다고 느끼고 있어, 교과서에 있는 내용 이해 정도에서 끝나고 마는 것이 안타깝다. 신문, 인터넷 등에는 수많은 표와 그래프가 드러나 있고, 그것들은 충분히 학습 자료로 활용될 수 있는데도 말이다.

표(도수분포표)는 기준이 있어야 의미가 있다. 즉, 자료를 수집할 때에는 어떤 목적이 있을 것인데, 그 목적이 바로 기준이 된다. 이러한 기준 없이 표만 만들어져 있다면, 그것은 표라 할 수 없다.

확률과 통계 영역은 1학년부터 6학년까지 전 학년을 망라하여 수록되어 있는데, 1학년에서는 분류하기, 2학년에서는 표그리기, 3학년에는 막대그래프, 4학년에서는 꺾은선그래프, 5학년에서는 줄기와 잎 그림이나 그림그래프, 6학년에서는 비율그래프(원그래프, 띠그래프)가 중심이 된다.

각 그래프마다 나름대로의 특징이 있다. 다시 말해, 목적에 맞는 그래프를 선택할 수 있어야 한다. 교과서에는 자료 분석을 통해 이미 그에 맞는 그래프를 보여주고, 그래프를 그리는 데 주안점을 두고 있지만, 가르치는 우리 입장에서는 여러 종류의 그래프 중 어떤 그래프를 선택하는 것이 좋은가를 우선적으로 생각할 수 있도록 유도해야 한다.

막대그래프는 양적인 비교를 직관적으로 할 수 있다는 장점이 있다. 그러나 시간의 흐름에 따라 추이의 변화를 볼 수 있기 위해선 꺾은선그래프가 유용하다. 그림그래프는 표현된 양을 기호화하기 위해 그림이나 모양 형태를 이용하는데, 우리나라 지도 위에 그림을 표시하여 각 도별 사이의 양적인 비교를 해보임으로써, 보다 실질적인 비교를 가능하게 한다는 장점을 가지고 있다. 원그래프나 띠그래프는 전체에 대한 부분을 나타내는 데 장점을 가지고 있으나, 이는 비율그래프이므로 비율에 대한 지식과 그 활용능력이 있어야 제작이 가능하다.

이러한 그래프로 나타내기 위해 사전에 해야 할 일이 표를 완성하는 일인데,

> 즉, 원그래프에서 부분의 넓이는 그것이 나타내고자 하는 분수 또는 퍼센트의 비율이므로, 만약 어떤 부분이 전체의 10%를 차지하고 있다면, 원의 중심각인 360도의 10%인 36도가 부분의 중심각이 된다. 띠그래프도 마찬가지다. 띠 전체의 길이가 20cm인데 부분이 차지하는 비율이 10%라면, 20cm에 대한 $\frac{1}{10}$ 만큼인 2cm가 부분의 길이인 셈이다.

이 점에 대해 좀 더 생각해보기로 하자. 자료를 수집하고 나서 반드시 표를 직접 그려보고, 표의 가로줄과 세로줄에 들어가야 할 항목을 아이 스스로 써넣도록 지도해야 한다. 예를 들어, 우리 반 아이들이 좋아하는 음식을 조사한 후, 이 자료를 바탕으로 표 만들기를 한다면, 표는 몇 줄 몇 칸이 필요한지, 가로와 세로는 무엇을 나타내게 해야 하는지에 대해 스스로 생각하여 삽입하도록 해야 한다. 교과서에는 이미 표가 그려져 있고 가로 세로의 항목이 삽입되어 있기 때문에, 아이들은 빈 칸에 숫자만 기입하면 그만인 수업은 지극히 소극적이고 비효율적인 방식이다.

먼저, 다음처럼 가로줄에는 음식 종류, 세로줄에는 사람 수로 하여 표를 만들도록 유도해보자.

음식 종류	불고기	자장면	피자	
사람 수				

그런 다음, 음식 종류에 해당하는 사람 수를 기재하고, 마지막으로 이 표가 무엇을 의미하고 있는지 '제목'을 붙일 수 있도록 지도해야 한다. 특히 제목은 사람 이름처럼 그것을 대표하고 있기 때문에, 간단하면서도 명쾌해야 한다. 제목을 붙이는 일조차 창의적이고 논리적인 활동이라는 점을 명심하자.

그래프 제작도 표와 거의 동일하다. 제목을 붙이는 일, 가로와 세로의 항목을 정하는 일이 그렇다. 막대그래프는 막대 모양을, 꺾은선그래프는 추이에 따른 선분을 연결하면 그만이다. 다른 점이 있다면 눈금의 크기를 결정하는 일이다. 일반적으로 가로축에는 분류된 자료의 목록이, 세로축에는 수치를 나타내게 되는데, 세로축 눈금의 크기를 어느 정도로 해야 하는가가 대단히 중요하다.

어쨌든, 이미 우리 눈에 보이는 표, 그래프가 전부가 아니다. 표나 그래프가 그려지기까지의 과정을 우리 아이들이 스스로 경험할 수 있도록 도와줘야 한다. 서두에서 말한 것처럼, 이런 과정은 단순히 수학 공부만을 잘하기 위한 것이 아니다. 모든 사회생활의 기본이요, 핵심인 '기획'을 연습하는, 그야말로 천만 불짜리 학습이다.

엄마와 함께 풀어보아요!

정보는 내 것이 아니다. 정해진 기준에 의해 분류하고 정리해놓은 자료가 바로 내 것이다. 이 영역을 통해 우리 주변에서 벌어지는 다양한 사회현상을 조망해본다면 값진 학습이 될 것이다.

[문제 1] 1학년 1학기 6단원 – 50까지의 수

다음은 서영이네 반 학생들이 좋아하는 과목을 조사한 것입니다. 물음에 답하시오.

이름	성별	과목	이름	성별	과목
영진	남	국어	한원	여	즐거운 생활
성연	남	슬기로운 생활	성준	남	수학
지훈	남	슬기로운 생활	기정	남	수학
서영	여	즐거운 생활	서윤	여	국어
동민	남	슬기로운 생활	용희	여	즐거운 생활
영신	여	즐거운 생활	슬기	여	바른 생활

(1) 다음 표는 좋아하는 과목에 따라 분류한 것입니다. 빈 칸에 알맞은 말이나 수를 써 넣으시오. 그리고 제목을 붙여보시오.

〈제목: 〉

과목	국어	수학	바른 생활	슬기로운 생활	즐거운 생활
	2	2			

(2) 남자가 좋아하는 과목 수와 여자가 좋아하는 과목 수를 분류하여 표를 만들려고 합니다. 빈 칸에 알맞은 말이나 수를 써 넣으시오.

문제에서 보여주고 있는 것은 서영이네 반 아이들이 좋아하는 과목에 대해 자료 수집을 해놓은 것이다. 이것은 널려 있는 정보일 뿐이다. 이 정보들이 의미 있는 데이터가 되기 위해서는 '분류'를 통한 체계적인 정리가 필요하다.

그럼 문제 (1)부터 풀어보자.

> 1학년 아이들에게는 이런 분류 작업이 생소할 뿐만 아니라, 표를 만들어 체계적으로 정리하는 일 역시 어려운 과업일 수 있다. 하지만 의미 있는 자료를 만들기 위해서는 이런 과정을 극복해야만 한다.

A 국어와 수학 아래에 있는 숫자는 무엇을 뜻하는 것일까?

B 국어를 2명이 좋아하고 있고, 수학도 2명이 좋아하고 있다는 뜻이에요.

A 그렇구나. 그럼 '과목' 아래에 있는 빈 칸에는 어떤 말이 들어가는 것이 좋을까?

B '학생 수'요.

> '좋아하는 학생 수'라고 해도 좋다. 만약 '학생'이라고 한다면, 그 '학생'이 '학생 이름'을 뜻하는 것인지, 아니면 '학생 수'를 뜻하는 것인지 물어, 좀 더 정확한 개념을 찾을 필요가 있다.

A 잘했다. 이제 나머지 빈 칸도 채워보자.

B 예. 바른 생활은 1명, 슬기로운 생활은 3명, 즐거운 생활은 4명이 좋아해요.

A 이제 마지막으로 표의 제목을 붙여봐야겠구나. 적절한 제목을 한번 생각해보렴.

B 〈서영이네 반 아이들이 좋아하는 과목 수〉라고 하면 좋을 것 같아요.

> 대부분의 아이들은 〈서영이네 반 아이들은 어떤 과목을 좋아할까?〉라는 식의 제목을 붙이는 경향이 강하다. 그러나 이러한 제목은 자료 수집을 위한 목적에 해당하기 때문에, 적절한 제목이라고 볼 수 없다.

문제 (2)를 해결해보자.

A 이제는 네가 직접 표를 완성해봐야겠구나. 만약 어렵다면 바로 위의 표를 참고해도 좋아.

B 맨 왼쪽 빈 칸에는 순서대로 '과목', '남자', '여자'를 써 넣고, 맨 위 가로 줄에는 순서대로 '국어', '수학', '바른 생활', '슬기로운 생활', '즐거운 생활'을 써 넣으면 될 것 같아요.

> 과목을 꼭 위와 같은 순서대로 나열할 필요는 없다.

A 정말 훌륭하다. 이제 나머지 빈 칸에는 어떤 숫자들이 들어가면 되겠구나.

B 예. 제가 직접 해볼게요.

> 이렇게 표를 완성해보게 한 후, 알 수 있는 점들을 발견해보게 한다. 문제 (1)의 경우, 서영이네 반 아이들이 '즐거운 생활'을 가장 좋아하고 있다는 점, '바른 생활'을 가장 좋아하고 있지 않다는 점 등을 말해보게 하고, 더 나아가 왜 '즐거운 생활'을 가장 좋아하는 것일까 등에 대해서 생각해보게 한다.

[문제 2] 3학년 2학기 7단원 – 자료 정리

서윤이와 친구들이 가지고 있는 동화책 수를 조사한 표입니다. 물음에 답하시오.

(1) 빈 칸에 알맞은 말이나 숫자를 써 넣으시오.

〈제목: 〉

이름	서윤	한식	영기	동식	지민	계
	10	8		12	6	52

(2) 위의 표를 막대그래프로 나타내시오.

위 문제 역시 막대그래프를 만들 수 있는 능력이 있는가를 묻고 있다. 이미 완성된 막대그래프를 보고, 다양한 정보들을 발견하고 추리할 수 있는 능력도 중요하지만, 위와 같은 실용적인 학습이 먼저 되어야 한다.

대부분의 아이들은 이미 완성된 그래프를 보며 항목별 비교 등에는 익숙하나, 가장 기본적인 그래프를 그리는 일에는 무관심하다. 가장 쓸모 있는 지식인데도 말이다. 물론 이는 아이들만의 문제가 아니라는 것을 누구나 다 알고 있을 것이다.

A 우선 위 표에 어울리는 제목을 붙여볼까?

> 제목이 바로 기준에 해당된다.

B '서윤이네 반 아이들이 가지고 있는 동화책 수'라고 하면 좋을 것 같아요.

> '학생별 가지고 있는 동화책 수'라고 하면 더욱 좋다.

A 표의 빈 칸을 완성해보자.

B '이름' 바로 아래 칸에는 '책 수'(동화책 수)라고 하면 좋을 것 같고, 영기 바로 아래 칸에 들어갈 수는 52에서 나머지 수들의 합을 빼면 구할 수 있어요. … 16권이네요.

> 위의 자료는 변화의 추이를 알아보기 위한 것이 아니라, 학생별 동화책 수를 비교해보기 위한 것이므로 막대그래프로 나타내는 것이 좋다.

A 이제 완성된 표를 보고, 막대그래프를 그려보자.

B 예.

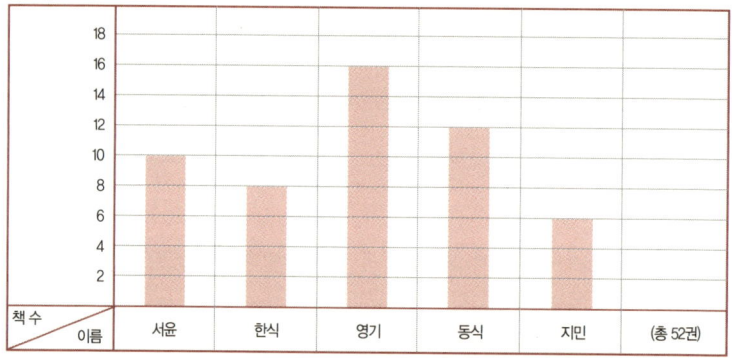

> 가장 먼저 위와 같은 형태를 만든 후, 가로축에는 필요한 항목을 세로축에는 숫자를 기입한다. 이때 주의할 점은 세로축 눈금의 크기를 얼마로 해야 하는지를 결정하는 것. 표를 보면 가장 큰 수가 16이기 때문에 눈금 크기를 1권 또는 2권으로 할 수 있을 것이다. 만약 1권으로 한다면 전체 눈금 수가 16개 이상 있어야 하지만, 2권으로 한다면 8개 이상의 눈금이 필요할 것이다. 이러한 점에 대해서도 아이와 대화를 주고받아야 한다.

[문제 3] 4학년 2학기 7단원 – 꺾은선그래프

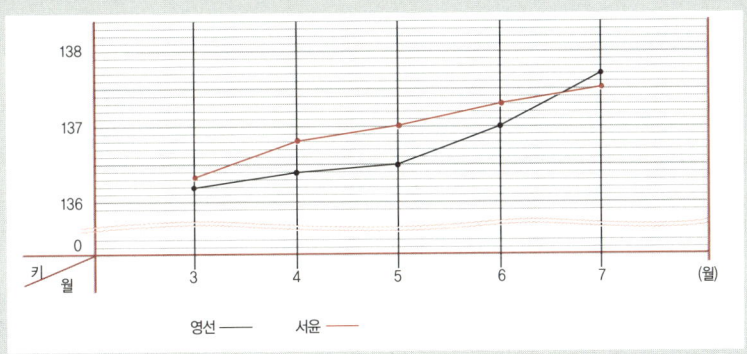

서윤이와 영선이의 키를 매월 말일에 조사하여 나타낸 그래프입니다. 물음에 답하시오.

(1) 이 그래프에 어울리는 제목을 붙이시오.
(2) 서윤이와 영선이의 키가 가장 많이 차이가 나는 때는 몇 월이고, 그 차는 몇 cm입니까?
(3) 영선이의 키가 전 달에 비해 가장 많이 컸을 때, 서윤이의 키는 전 달에 비해 몇 cm가 컸는지 설명하시오.
(4) 6월 15일에 서윤이의 키는 몇 cm라고 할 수 있습니까?

그래프 분석에 관한 질문이다. 당연히 주어진 자료를 보고, 위와 같은 꺾은선그래프를 그릴 줄 알아야 한다. 또한 그래프를 통해 두 사람의 키 변화를 쉽게 알 수 있다는 것과, 7월 이후에 키의 변화를 예측할 수 있다는 것 등을 발견하도록 유도해야 한다. 이 그래프에서 유의해야 할 점은 키를 조사한 시점이 매월 말이라는 점이다. 즉, 숫자 3과 4 사이는 4월 달을 의미한다.

A 이 그래프에 어울리는 제목을 붙여봐라.

B 서윤이과 영선이의 키를 비교하고 있기 때문에 '서윤이와 영선이의 키'라고 하면 좋을 것 같아요.

A '서윤이와 영선이의 키 비교'라고 해도 무방할 것 같구나. 눈금 한 칸의 크기가 0.1cm이네. 만약 한 칸의 크기를 1cm로 했다면 어떤 문제가 생길까?

B 두 사람의 키 변화를 쉽게 알기 어렵고, 비교도 쉽지 않을 것 같아요.

A 좋은 설명이야. 이제 문제 하나하나 해결해 보자. 먼저 문제 (2)를 보자. 두 사람의 키 차이가 많다는 것을 그래프에서 어떻게 알 수 있지?

> 눈금 한 칸의 크기를 0.1cm로 해야, 목적에 맞는 그래프라는 사실을 알게 한다.

B 눈금의 차이를 통해 알 수 있어요. 5월 말에 두 사람의 키 차는 0.5cm로 가장 큰 차이가 나네요.

A 그렇구나. 이제 문제 (3)을 생각해보자. 영선이가 전 달에 비해 가장 많이 컸다는 것은 그래프의 기울기가 가장 심하다는 뜻이기도 하지.

B 그래프의 기울기가 가장 심한 달은 7월 달이네요. 6월 말에 137cm였는데 7월 말에 137.7cm였으니까요. 무려 0.7cm가 컸네요. 그런데 그 동안 서윤이는 0.2cm 컸어요.

A 다음 달이 되면 두 사람의 키 차이가 더 심해질 것 같구나.

B 예. 영선이는 기울기가 급격하게 상승하고 있는 반면, 서윤이는 완만하게 상승하고 있어요. 8월 말에는 상당한 차이가 있을 것 같아요.

경계를 허무는 컨텐츠 리더 **북이십일**

인기 APP 시리즈

21세기북스, 모질게, 아울북, 을파소의 컨텐츠를
이제 애플리케이션으로 만나보세요!

애플리케이션 스토어에서 해당 App을 검색하세요.
(App스토어, T스토어, OZ 스토어, 올레 마켓)

어학-모질게 시리즈

 모질게 토익
Phone 무료   m.mozilge.com

모질게 토익 브랜드 공식 무료 애플리케이션
500개 이상의 저자 직강 토익/토익 스피킹/영어 동영상 강의와
도서 mp3, 베스트셀러 및 신간 소개 제공

 모질게 토익 VOCA
Phone $4.99

발음 청취 훈련, 실전 모의고사로 토익 어휘 마스터
파트별 빈출 어휘 및 혼동 어휘, Review Test 제공
고득점 공략 단어와 파트 5 모의고사 5회분 수록, 파트 5, 6 집중해부

 모질게 듣기만 해도 느는 패키지
(토익+일본어+텝스)
Phone $8.99   Phone 9,900원

1등 청위 훈련 프로그램 '듣기만 시리즈' 특별판
토익, 일본어, 텝스 콘텐츠를 하나의 애플리케이션으로!
저렴한 가격, 편리한 다운로드 (개별 App 구매 대비 37% 할인!)

 모질게 듣기만 해도 느는 일본어
 Phone $4.99  Phone 5,900원

화제의 블로거 '당그니' 김현근 선생님의 일본어 회화
단계별 청취와 어휘/패턴 테스트 수록
50음도 훈련 및 전체 문장 듣기 모드 제공

 모질게 듣기만 해도 느는 토익 LC
Phone $4.99   Phone 5,900원

T스토어, 일본 App스토어 1위! 토익 App의 최강자
최초의 토익 리스닝 훈련 App! 전 문장 영국 발음 수록!
파트별 1,500문장+58개 예문+2,000개 어휘 수록

 **모질게 보기만 해도 느는 토익
파트 5,6**
Phone $4.99

듣기만 시리즈에 이은 국내 최초 토익 RC 학습 전문 APP
시험에 자주 나오는 50개의 토익 공식 자동 학습과 실전 모의고사,
기출 덩어리 표현 학습으로 파트 5,6 완전 정복

 모질게 토익 모의고사 (7월 출시)
Pad $6.99

실전 난이도 Full Set 3회분 + 청취 훈련 수록
실전 1등 노하우로 엄선한 최신 경향 모의고사로 실전 완벽 대비,
해설과 오답노트는 물론 전체 문항 반복 청취 훈련 기능 탑재

 모질게 듣기만 해도 느는 텝스 LC
 Phone $3.99   Phone 4,900원

국내 최! 텝스 리스닝 훈련 프로그램!
대화 또는 담화로 구성된 1~3가지의 지문 100개
+ 최대 1,000개 압다운 텝스 어휘 수록

 모질게 패턴 영어회화
Phone $3.99

백선엽 저자의 생활 회화 패턴과 문장 학습
필수/동사활용 패턴 각 50개와 패턴별 예문 학습
전체 패턴 문장과 대화문을 이어 들을 수 있는 음성 학습 기능 제공

홈페이지 www.book21.com

경계를 허무는 컨텐츠 리더 **북이십일**

유아·아동

 마법천자문 ❶~⓮ 출시 중)

 Pad $7.99 Tab 8,800원

디지털 마법천자문으로 한자 마법 마스터
1300만부 베스트셀러 마법천자문의 독보적인 한자 학습효과를
이제 아이패드와 갤럭시탭에서도 만나보세요.

 Battle Phonics

Phone/Pad 테마별 $0.99

영어로 배틀하자! Battle Phonics
보고 듣고 말하며 읽으면서 500개의 아동 수 영단어가 쏙쏙
네이티브 스피커의 표준 발음과 비교할 수 있어 더욱 알찬 App

 느낌표 철학동화 시리즈 ❶~❸

Phone $2.99/Pad $3.99

철학 동화! 이제 오감으로 읽는다
책의 재미와 교훈을 그대로! 세계 어린이와 함께 읽는 인터렉티브
철학 그림책 돈키호테, 양반전 같은 명작을 App으로 만나 보세요.

 Read Aloud! 시리즈 ❶~❺ 출시 중)

Pad $4.99

Play, Sing & Speak! 세계명작 영어동화 시리즈
큰소리로 따라 읽으며 자연스럽게 춤추고 노래하며 즐겁게!
읽고 보고 챈트로 듣는 3단계 영어 학습프로그램

 키즈랜드

Phone/Pad $4.99

놀이와 학습을 한번에 끝내는 KidsLand
단어와 숫자, 음악과 미술, 게임의 다섯 가지 분류
4세부터 8세 어린이를 위한 두뇌개발 App

 SingingBirds

Phone $1.99/Pad $2.99

전선 위 새들의 유쾌발랄 연주회 SingingBirds
전깃줄 위에 줄지어 앉아 있는 새들이 널리 알려진 노래 20곡을
6가지 악기 버전으로 연주해 드립니다.

 MotherGoose 시리즈 ❶~❸

Phone $2.99/Pad $3.99

동화로 이해하고, 노래로 부르는 MotherGoose
영미권 아이들이 자라면서 수없이 반복하여 듣는 마더구스 노래와
동화를 만날 수 있는 App. 즐거운 영어공부가 시작됩니다.

성 인

 신데렐라의 유리구두는 전략이었다
: 갖고 싶은 남자를 갖는 법

Phone $4.99

대한민국 NO.1 연애 전문 기자의 실전 연애 어드바이스
2030 남녀 1,000명 이상을 인터뷰한 연애 전문 기자 곽정은이
전하는 성공 연애 전략. 도서 출간 즉시 연애 분야 1위 기록!

 알콩 달콩 경제학 1, 2

Phone/Pad 각 권 $4.99

만화로 읽는 알콩달콩 경제학!
주식, 펀드, 채권, 부동산에 투자하기 전에 꼭 읽어야 할
『정갑영 교수의 만화로 읽는 알콩달콩 경제학』을 App으로 만난다!

 에세이-나를 위로하는
클래식 이야기 (BGM제공)

Phone $4.99

클래식 전문가 진화숙이 들려주는 클래식 이야기와 음악
모차르트, 베토벤 등 음악가들의 삶의 이야기를 읽으면서
그 향기가 담겨 있는 음악을 듣는다. 스마트시대 교양 필수 App!

홈페이지 www.book21.com

마법천자문

 마법천자문

A 7월 15일경부터 영선이가 서윤이보다 크기 시작하는구나. 그때 서윤이의 키는 약 얼마쯤 될까?

B 6월 말에 137.3cm이고 7월 말까지 0.2cm가 컸으니까, 6월 15일경까지는 약 0.1cm가 컸다고 볼 수 있어요. 그래서 약 137.4cm라고 할 수 있겠네요.

[문제 4] 5학년 2학기 – 자료의 표현

서영이의 성적표가 비에 젖어 아래와 같이 찢어졌습니다. 수학과 사회 점수를 구하시오.

서영이의 성적표

과목	국어	수학	사회	과학	평균
점수(점)	81	7	3	94	82

평균은 개체들의 우열이나 크기 등의 차이를 그 개체들이 속한 집단이나 집합의 속성으로 일반화시켜놓은 것이다. 그러므로 평균은 기준의 역할을 톡톡히 하고 있다. 평균은 오름차 또는 내림차순으로 배열했을 때 중앙값을 의미한다.

위의 문제는 바로 산술적인 평균을 통해 개개의 값이 얼마인지를 묻고 있다.

> 예를 들어, 1, 2, 3, 4, 5의 중앙값인 3이 바로 다섯 수의 평균이다. 이를 산술적으로 표현하면 $\frac{1+2+3+4+5}{5} = 3$이라고 나타낼 수 있다.

A 어떤 과정을 거쳐 평균 82가 되었는지 설명해볼 수 있겠니?

B 예. 국어, 수학, 사회, 과학 점수를 모두 합쳐 4로 나눈 값이 평균인 82 예요.

A 그렇지. 다음과 같이 정리할 수 있겠구나. $\frac{81+7\square+\square 3+94}{4}$ = 82(또는 81+7□+□3+94÷4=82)라고 말이야.

B 예. 그런데 □ 안에 어떤 수가 들어갈지 알아봐야 하니깐, 먼저 총점을 구하는 일이 중요해요. 총점은 82×4=328이에요.

A 좋은 설명이다. 총점을 구했기 때문에 □ 안에 들어갈 수를 구할 수 있겠구나.

B 일단 328에서 81과 94를 더한 값을 빼면 7□와 □3의 합이 나오게 되는데, 153이 바로 7□와 □3의 합이에요.

A 이것을 식으로 정리하면 7□+□3=153이라고 할 수 있는데, 쉽지 않구나. 일단, 일의 자리끼리 더해 3이 될 수 있는 수를 찾는 게 우선일 것 같다.

B 예. 7□의 □와 □3의 3을 더해 3이 나올 수 있는 수는 0밖에 없어요. 그렇게 되면 □3의 □와 7을 더해 15가 되어야 하니까 □는 8이어야 해요. 정리하면 7□는 70이고 □3은 83이에요.

목적에 맞게 표현하고 분석하라
다양한 그래프 분석

　다음 페이지의 그림을 보자. 소년조선일보에 「저축 후진국… 작년 가계 저축률 2.8% 불과」라는 제목으로 실린 그래프이다. 바로 이런 실질적인 자료를 아이들에게 제공해줘야 한다. 수학이 실생활과 얼마나 밀접한 관련성이 있는가, 수학 공부가 얼마나 중요한가를 대변해주고 있기 때문이다.

　뿐만 아니라 OECD국가는 어떤 국가들이며, 그들이 왜 이런 연합체를 결성했고, 이런 비교를 통해 우리가 깨달아야 하는 점들이 무엇인지에 대해서도 생각해볼 수 있는 기회가 생긴다. 그야말로 통합 학습이다.

　수학적인 측면에서 본다면, 주요 OECD국가별 가계저축률은 막대그래프로, 한국 저축률 변화 추이는 꺾은선그래프로 나타내고 있다. 만약 국가별 가계저축률을 꺾은선그래프로 나타냈다면 어떤 문제가 생기는지, 한국 저축률 변화 추이를 막대그래프로 나타낸다면 왜 안 되는지 등을 토론하면서 각 그래프가 갖고 있는 특성을 파악할 수도 있다. 또한, 우리나라의 가계 저축률이 급감하고 있는 이유들을 다각적인 측면에서 따져볼 수도 있다.

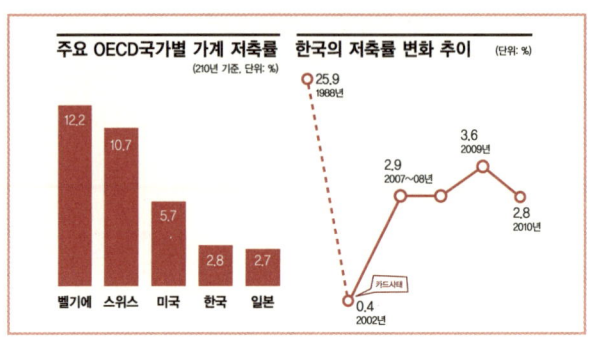

출처 소년조선일보 2011년 3월 11일

다음 페이지에 또 다른 형태의 그래프가 있다. 위쪽은 막대그래프와 꺾은선그래프를 동시에 사용하고 있고, 아래쪽은 원그래프이다. 위쪽은 막대그래프와 꺾은선그래프를 동시에 활용함으로써, 교역 규모와 그것의 변화 추이를 동시에 보여주고 있다. 해가 갈수록 교역 규모가 많아지고 있는데도 오히려 적자 폭이 커지고 있다는 것을 알 수 있다. 아래쪽 그림은 한국의 종교 현황을 원그래프로 보여주고 있는데, 전체와 부분을 쉽게 알 수 있다는 장점이 있다. 즉 6개의 종교와 기타까지 포함한 전체에서 각 종교가 차지하고 있는 부분이 어느 정도인지를 금방 알 수 있다. 만약 한국의 종교 현황을 막대그래프로 보여준다고 해도 큰 무리는 없겠으나, 전체를 금방 확인하기 쉽지 않을 것이다.

한 가지 관심 있게 봐야 할 것은 단위이다. 위쪽 그래프에는 '단위: 백만 달러', 아래쪽 그래프에는 '단위: 만 명'이라고 되어 있다. 단위의 의미를 정

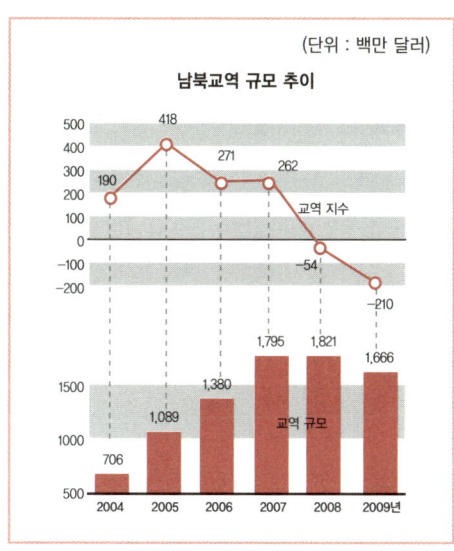

출처 관세청

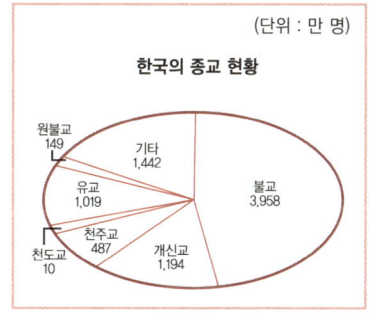

출처 연합뉴스 2009년 1월 21일

확하게 파악하여 그래프를 읽을 수 있어야 한다. 즉 2009년 남북교역 규모는 1666만 달러가 아니라 16억 6600만 달러이다. 또 개신교를 믿는 사람은 모두 1194명이 아니라 1194만 명이다. 아이들이 직접 그래프를 그린 후 위와 같은 큰 수를 기입해야 할 때에는 이렇듯 단위를 별도로 나타내어, 그래프를 숫자로 도배하는 일이 없도록 지도해야 할 것이다.

요약해보자. 그래프와 관련된 학습은 최대한 실질적인 자료를 활용하자. 지식활용능력을 최대한 키워주는 통합학습을 할 수 있기 때문이다. 또한 그래프의 장단점을 정확하게 파악하여, 주어진 자료를 그에 맞는 그래프로 나타내는 연습을 하자. 마지막으로 그래프가 복잡해지지 않도록 단순화할 수 있는 방법을 연구하자.

엄마와 함께 풀어보아요!

주어진 자료를 분석하여 논리적인 추론을 하는 데 활용하도록 한다. 그리고 반드시 표현하게 한다. 머지않아 바뀌게 될 평가 방식을 준비하게 되는 셈이다.

[문제 1] 4학년 2학기 7단원 – 꺾은선그래프

왼쪽 그림은 〈소년조선일보 2011년 2월 10일자〉에 실린 그림이고, 오른쪽 그림은 왼쪽 그림과 같은 내용을 담고 있습니다. 잘 살펴보고, 질문에 답하시오.

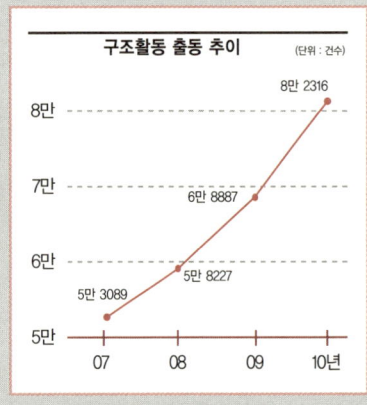

(1) 왼쪽과 오른쪽 그래프의 차이점을 찾아 적으시오.

(2) 이 그래프는 119구조대에서 매년 구조활동을 하기 위해 몇 번을 출동했는지를 보여주고 있습니다. 이 그래프를 통해 추리해볼만한 점을 적으시오.

(3) 두 그래프 중, 시민들에게 조심하라는 경각심을 일깨워주고 싶다면 어떤 그래프를 보여주는 것이 낫다고 생각합니까? 이유를 들어 설명하시오.

똑같은 내용이지만 눈금의 크기를 얼마로 하느냐에 따라 반응의 정도가 다를 수 있다. 만약 그래프에 있는 수치가 어떤 부서의 매출액이라면, 그 부서장은 왼쪽 그래프보다는 오른쪽 그래프를 상사에게 보여주려고 할 것이다. 내용은 같지만 피부에 와 닿는 느낌이 전혀 다르기 때문이다. 일종의 그래프의 함정이다. 그러므로 그래프에 대한 철저한 분석이 필요한 것이다.

> 입장을 바꿔 생각해본다면, 주어진 그래프의 함정을 정확하게 간파할 수 있는 눈이 필요하다는 점도 잊어서는 안 된다.

A 두 그래프에 차이가 있는데, 그 차이점을 찾아볼 수 있겠니?

B 예. 왼쪽 그래프에서는 눈금 하나의 크기가 1만 건인데, 오른쪽 그래프에서는 그게 5천 건이에요.

A 해마다 출동 건수는 똑같은데, 어떤 느낌이 드니?

B 예. 왼쪽 그래프보다 오른쪽 그래프를 볼 때 출동 건수가 훨씬 많아지는 것 같은 느낌이 들어요.

A 네가 119 구조대의 대장이라면, 많은 시민들에게 두 그래프 중 어느 것을 보여주고 싶니? 물론 많은 시민들이 앞으로 조심해야 한다는 뜻으로 보여주는 것이라면 말이다.

B 오른쪽 그래프예요. 왼쪽 그래프보다 오른쪽 그래프가 출동 건수가 많아지는 것처럼 보이기 때문에, 사람들이 심각성을 더 깨달을 수 있을 것 같아요. 출동 건수가 많아진다는 것은 그만큼 위험한 일들이 많이 생기고 있다는 뜻이니까요. 그래서 '앞으로 더욱 조심해야겠구나'라고 생각하지 않을까요?

A 나도 그렇게 생각한단다. 좋은 설명이었다. 이번에는 이 그래프를 통해서 우리가 추리해볼 만한 것들이 있는 것 같은데… 예를 들면, '119 구조대원이 해가 갈수록 많아졌을 것이다'처럼 말이야.

B 아, 그렇군요. 출동 건수가 많아졌다는 것은 그만큼 위험한 일이 많아졌다는 뜻이니까, 구조대원들도 많이 필요하겠네요. 또, 해가 갈수록 위험한 일들도 다양해졌을 테고, 소방대원들도 더 위험해질 것 같고, 그만큼 좋은 구조장비도 생겼을 것 같고….

> 이유를 들어 추리해 보도록 유도하면 더욱 좋다.

A 그래, 이 그래프 하나만으로도 우리는 참으로 많은 추리를 해볼 수 있구나.

[문제 2] 5학년 2학기 – 자료의 표현

다음은 서윤이네 학교의 학생 수를 나타낸 그림그래프입니다. 학년별 평균 학생 수가 271명일 때 다음 그림그래프를 완성하시오.

학년별 학생 수

학년		학년	
1학년	●◎○···	2학년	●◎◎◎◎··
3학년	●◎○···	4학년	●◎◎◎
5학년		6학년	●◎○······

●:200명 ◎:50명 ○:10명 ·:1명

> 평균의 개념은 이 단원에만 국한되어 있는 것이 아니다. 삶 속에서 얘기하는 수치들 거의 대부분이 평균의 개념과 유사하다. 다음과 같은 문제에도 평균의 개념이 들어 있다. 'OOO는 처음 6km를 2시간 동안 걸었고, 다음 9km를 3시간 동안 걸었다면 1km를 걷는 데는 (평균) 몇 분이 걸렸을까요?' 매분 또는 매초 같은 속도로 걷지는 않았겠지만, 결국 6km를 2시간 동안 걷는 것에 평균의 개념이 내재되어 있다.

위 문제를 해결하기 위해서는 우선 전체 학생 수를 구해야 한다. 그러면 5학년 학생 수를 구할 수 있고, 이를 바탕으로 그림그래프를 완성하면 된다.

A 위 문제를 해결하기 위해서 가장 먼저 알아야 할 것은 뭐니?
B 전체 학생 수요.
A 전체 학생 수를 알기 위해서 어떤 단서를 이용해야 하지?
B 평균을 이용해야 해요. 평균은 모든 학년의 학생 수를 똑같이 나눈 의미를 지녔으니깐 「평균×학년 수」면 전체 학생 수를 구할 수 있어요.
A 그렇지. 전체 학생 수를 알아야 5학년 학생 수를 구할 수 있겠구나.
B 예. 평균이 271명이니까, 전체 학생 수는 271명×6=1626명이네요. 5학년 학생 수는 전체 학생 수에서 나머지 5개 학년의 학생 수를 빼면 되니까요, 1626-(263+282+263+270+266)=282명이에요.
A 좋아. 그림그래프를 그릴 때 조심해야 할 점이 있지?
B 각 그림이 얼마를 의미하는지 놓쳐서는 안 돼요. 5학년 학생 수가 282명이므로 200명을 나타내는 ● 표시 1개와 50명을 나타내는 ◎ 표시 1개, 10명을 나타내는 ○ 표시 3개, 1명을 나타내는 ● 표시 2개를 그려 넣으면 그림그래프가 완성돼요.

[문제 3] 6학년 1학기 7단원 – 비율그래프

띠그래프는 서영이네 반 학생들이 좋아하는 과목을 나타낸 것입니다. 띠그래프의 전체 길이가 20cm이고, 국어를 좋아하는 학생은 4cm로 나타낼 때 전체 학생 수를 구하시오. (단, 수학을 좋아하는 학생은 10명입니다)

학생들이 좋아하는 과목

체육	수학	국어	미술	기타
30%	( )%	( )%	10%	15%

띠그래프는 원그래프처럼 전체에 대한 부분을 나타내고 있으므로, 전체에서 부분이 차지하는 비중이 어느 정도인지를 따진 후에, 띠 전체의 길이에 비례하여 부분이 차지하는 길이가 얼마인지를 알아야 한다.

위 문제는 수학을 좋아하는 학생 10명이 차지하는 비율과 국어를 좋아하는 학생 4cm가 몇 %인가를 알아야 한다. 물론 전체를 모두 합하면 100%가 된다.

> 띠그래프와 원그래프는 비와 비율, 비례식을 공부하고 난 후에 학습하도록 되어 있다. 비를 비율로, 이것을 다시 백분율로 변환할 수 있어야 띠그래프를 그릴 수 있기 때문이다.

A 전체 길이가 20cm라면, 국어를 좋아하는 학생은 몇 %라고 할 수 있을까?

B 전체 길이가 20cm이고 국어를 좋아하는 학생이 4cm이기 때문에 이를 비례식으로 나타내면 20cm:4cm=100%:□예요. 외항과 내항의 곱이 같기 때문에 4×100=20×□, □=400÷20, □=20(%)예요.

A 그럼, 수학을 좋아하는 학생이 몇 %인지를 알아야 할 차례구나.

B 전체가 100%이고 수학을 뺀 나머지의

> 수학이 몇 %인지를 알아야 그 몇 %에 해당하는 것이 10명이란 것을 알 수 있으므로, 나머지 과목들도 같은 원리로 학생 수를 알 수 있다.

합이 75%이니깐, 수학을 좋아하는 학생의 비율은 25%예요.

A 그럼, 25%에 해당하는 학생 수가 10명라는 뜻인데, 전체 학생 수를 구할 수 있겠니?

B 마찬가지로 비례식을 이용하면 될 것 같네요. 25%:10명=100%:□로 나타내고 외항의 곱과 내항의 곱은 같다는 원리를 이용하면 25×□=10×100, □=40명이에요.

> 25%에 해당하는 학생 수가 10명이란 것은 2.5%에 해당하는 학생 수가 1명이라는 뜻과 같다. 그러므로 100%는 2.5%의 40배와 같으니깐 전체 학생 수는 40명과 같다고 설명해도 좋다.

A 이제 전체 학생 수를 알았으니 다른 과목을 좋아하는 학생 수도 구할 수 있겠구나.

B 예. 체육을 좋아하는 학생 수는 「40명×$\frac{30}{100}$=12명」, 국어를 좋아하는 학생 수는 「40명×$\frac{20}{100}$=8명」, 미술을 좋아하는 학생 수는 「40명×$\frac{10}{100}$=4명」, 기타는 「40명×$\frac{15}{100}$=6명」이에요.

[문제 4] 6학년 1학기 7단원 - 비율그래프

서영이네 반 학생들이 좋아하는 색깔을 조사하여 원그래프로 나타내었습니다. 물음에 답하시오.

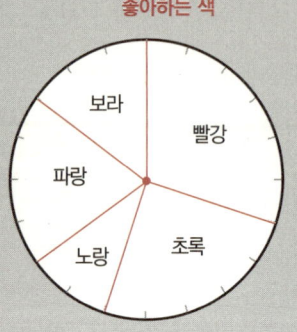

(1) 빨강을 좋아하는 학생이 12명이라면 전체 학생 수는 몇 명입니까?

(2) 초록을 좋아하는 학생 수는 전체의 길이가 30cm인 띠그래프에서 몇 cm로 나타내야 합니까?

(3) 원그래프를 보고, 띠그래프로 나타내시오.

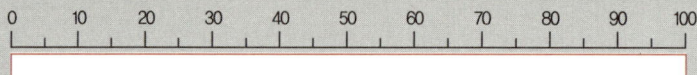

    이 문제를 통해 원그래프를 분석하여 띠그래프로 나타내보고, 그 반대의 활동도 해볼 수 있다. 원그래프는 전체에 대한 부분을 나타내고 있으므로, 각 부분이 차지하는 비율을 모두 합하면 전체, 즉 100%가 된다는 점을 잊지 말아야 한다.

    위의 문제는 눈금 수로 전체의 크기를 나타내고 있다. 눈금 20개가 전체이다.

A 전체 눈금 수가 20개이다. 그런데 빨강을 좋아하는 학생 수는 눈금 6개를 차지하고 있고, 학생 수는 12명이라고 한다.

B 그러면 눈금 1개는 2명을 의미하네요.

A 그렇지. 중요한 점을 발견했구나. 이제는 나머지 색깔을 좋아하는 학생 수를 모두 알 수 있겠구나.

B 그럼요. 초록은 10명, 노랑은 4명, 파랑은 8명, 보라는 6명이에요. 그래서 모두 40명이에요.

A 이제, 초록을 좋아하는 학생 수는 30cm의 띠그래프에서 몇 cm를 차지하는지 알아보자. 비례식을 이용해보면 어떨까?

> 이것을 비례식으로 나타낼 수도 있다. 전체가 20개 눈금이고 부분이 6개의 눈금이므로, 20:6=□:12, □=20×12÷6=40(명)이라고 할 수도 있다.

B 예. 20눈금:30cm=5눈금:□, 20×□=30×5, □=150÷20=7.5(cm)예요.

A 잘했어. 이제 원그래프의 자료를 띠그래프로 나타내볼까?

B 예. 빨강이 차지하는 부분은 전체의 $\frac{6}{20}$에 해당하니깐 이를 백분율로 나타내면 $\frac{6}{20}×100=30(\%)$, 마찬가지로 초록은 $\frac{5}{20}×100=25(\%)$, 노랑은 $\frac{2}{20}×100=10(\%)$, 파랑은 $\frac{4}{20}×100=20(\%)$, 보라는 $\frac{3}{20}×100=15(\%)$예요.

A 정확하게 나타냈구나.

응용력의 모든 것

5장

규칙성과 문제해결 교과 과정

- 정비례, 반비례, 이해, 표나 식으로 나타내기
- 문제해결 과정의 타당성 설명
- 문제상황에 맞는 문제해결 방법 선택
- 조건을 바꾸어 새 문제 만들기
- 비례식 성질 이용하여 비례식 풀기
- 연비, 비례 배분
- 미지수를 x로 나타내기
- 등식의 성질 이해, 방정식 풀기
- 문제해결
- 문제해결 타당성 검토
- 문자와 식
- 하나의 문제를 여러 방법으로 해결
- 규칙성
- 6학년
- 비율을 여러 방법으로 나타내기
- 문제해결
- 5학년
- 문자와 식
- 두 양 크기 비교, 분수로 나타내기
- 비와 비율의 의미
- 규칙성
- 논리적 추론
- 문제해결 과정 설명
- 문제해결
- 문자와 식
- 4학년
- 규칙성
- 두 양 사이의 대응 관계 파악
- 규칙을 추측, 표현하기
- 단순화 하기
- 변화규칙을 수로 나타내고 설명

개념 16

문제를 만들 줄 알아야 한다

문제 만들기

지금부터는 '규칙성과 문제해결' 영역에 관해 생각해보기로 하자. 이 영역은 7차 교육 과정에서의 규칙성과 함수, 문자와 식을 통합하여 새롭게 구성된 것으로, 다양한 문제해결 전략과 문제해결 과정의 타당성 검토, 규칙성의 일반화가 주를 이루고 있다.

실제로 해보기는 주어진 문제 상황을 똑같이 재현해봄으로써 문제가 원하는 답을 찾을 수 있는 전략인데, 저학년에서 터득하게 될 전략이다. 다른 전략의 기본이 될 수 있다는 점에서 고학년조차도 무시해서는 안 될 것이다. 왜냐하면 문제 상황을 그대로 재현할 수 있는 것은 문제에 대한 분석, 즉 단서가 문제해결에 어떤 영향을 미치는지, 주어진 순서대로 단서를 활용해야만 하는 것인지, 주어

> 문제해결 전략은 실제로 해보기 / 그림 그리기 / 식 만들기 / 거꾸로 풀기 / 표 만들기 / 예상과 확인 / 단순화하기 / 논리적 추론으로 세분화되어 있고, 이 전략을 1학년부터 6학년까지 학습할 수 있도록 교과서에 배정되어 있다.

진 단서를 통해 새로운 단서를 얻을 수 있는지 등을 분석할 수 있다는 뜻이기 때문이다.

그림 그리기 전략도 마찬가지다. 주어진 문제 상황을 그림으로 전환함으로써 한눈에 전체를 파악하게 하여 문제해결을 돕고자 하는 전략이다. 이때 사용하는 그림은 대체로 추상적인 선분과 같은 그림이나 문제의 상황을 비슷한 형태로 구현하는 그림을 의미한다. 어떤 경우이든 주어진 문제 상황에 대한 분석이 앞서 이루어져야 그것을 바탕으로 한 그림이 그려질 것이기 때문에 문제에 대한 분석 훈련이 선행되어야 한다.

> 아무리 많은 전략을 알고 있다 하더라도 어떤 문제 상황에서 그 전략을 사용해야 하는지를 알지 못한다면 알고도 활용하지 못한 우를 범하는 꼴이다.

거꾸로 풀기 전략을 사용해야만 하는 대부분의 문제는 □를 사용한 식으로 전개되는데, 이때 미지수인 □에 해당하는 부분은 최초의 것과 관련이 깊다. 교과서에 실려 있는 다음과 같은 문제에서 '최초에 보경이가 갖고 있던 구슬 수'를 구하기 위해서는 거꾸로 풀기, 즉 문제의 뒷부분부터 실마리를 풀어야 하는 전략이 필요하다.

보경이가 가지고 있던 구슬 중에서 친구에게 20개를 주고 오빠에게서 26개를 받고 나니 구슬이 모두 52개가 되었습니다. 보경이가 처음에 가지고 있던 구슬은 몇 개입니까?

표 만들기는 예상과 확인, 규칙성과 밀접한 관련을 맺고 있다. 주어진 문제의 단서를 통해 예상해보는 과정에서는 예상한 것을 명쾌하게 보기 위해

서, 규칙성 문제에서는 대응관계를 파악하기 위해서 표로 나타내는 것이 용이하기 때문에, 표 만들기는 다른 전략과 함께 사용되는 전략이다.

교과서에서는 이러한 전략을 별도의 단원으로 분리해놓고 가르치도록 하고 있지만, 모든 단원에서 이러한 전략을 활용한 풀이법을 요구하고 있다. 다시 말해 규칙성과 문제해결 영역은 수와 연산, 도형 영역들처럼 별도의 영역이 아니라, 그것들 안에 어우러진 개방적인 성격을 지니고 있다고 생각해도 무방할 것이다.

특히 문제를 만들어보는 활동도 모든 단원에서 실현되어야만 한다. 앞에서 말한 모든 전략을 가장 쉽게 받아들일 수 있는 방법이면서 문제를 분석하는 힘을 기르고 실생활과의 연관성을 극대화하는 데 유용하기 때문이다.

다음 곱셈식을 보고, 문제를 만든다고 가정해보자.

> 개념이나 원리를 충분히 이해했는지를 스스로 확인해볼 수 있는 기회이기도 하다.

문제 2와 3은 2학년 아이들이 만든 문제들이다. 위와 비슷한 문제들도 많

---

7 × □ = 35

| 문제 1 | 배를 7개씩 몇 개의 봉지에 넣었더니 모두 35개였습니다. 배를 담은 봉지는 몇 개입니까?

| 문제 2 | 내 친구 7명이 먹을 것을 몇 개씩 가져와서 보니 모두 35개였습니다. 친구들은 몇 개씩 가져왔습니까?

| 문제 3 | 똑같은 비행기 7대가 있습니다. 한 비행기 안에는 몇 개씩의 의자가 있는데, 모두 35개였습니다. 한 비행기 안에는 몇 개의 의자가 있습니까?

지만, 문제 1과 비교하기 쉬운 형태만 고른 것이다. 결론부터 말하자면 문제 2를 만든 아이는 아직 곱셈의 원리를 터득했다고 볼 수 없다. '똑같이 몇 개씩'이 아니라 그냥 '몇 개씩' 가져왔다는 것은 곱셈의 의미를 깨닫지 못했다고 밖에 볼 수 없다.

문제 3은 상상해서 만든 문제이다. 이러한 문제는 곱셈의 원리를 실생활에 적용할 수 있는 능력이 있는가를 따지고 싶은 우리들에게는 참으로 어려운 고민거리를 만들어준다. 즉 문제의 상황은 보편적이어야 한다는 말이다. 우리 삶의 문제여야 한다는 뜻이다.

문제 만들기는 이처럼 중요한 정보를 제공해준다. 아직 2학년이어서 우리말에 익숙하지 않아 이런 문제를 만들었을 거라고 긍정적으로 봐주기에는 뭔가 시원하지 않다. 왜냐하면 5, 6학년도 크게 다르지 않기 때문이다.

문제 만들기가 중요한 메시지를 던져주는 활동이라고 판단된다면 당장 시행해보라. 그러나 어려움을 느끼는 아이들이라면 이미 만들어진 문제들을 조건을 바꿔 만드는 것을 시도해보는 것이 좋다. 처음에는 숫자를 바꾸고, 단서의 일부 상황을 바꾸고, 그 다음에 문제 전체를 바꾸는 활동을 시차를 두고 지속적으로 연습한다면 문제분석능력과 적용능력이 급속히 향상될 것이다.

엄마와 함께 풀어보아요!

문제를 제대로 분석하여 문제가 원하는 답을 정확하게 알아내기를 원한다면 최소한 2학년부터는 '문제 만들기'를 꾸준히 시도해야 한다. 그리고 자녀의 문제를 엄마가 풀어보는 것이다.

[문제] 2학년 수준

다음 곱셈식에 알맞은 문제를 만드시오.

$8 \times \square = 32$

앞서 말한 대로 구구단을 잘 외운다고 해서 곱셈 문제를 잘 푸는 것이 아니다. 문제에 대한 분석을 할 줄 알아야 식을 세울 수 있고, 답을 구할 수 있다. 문제 분석을 잘 하기 위한 방법 중의 하나가 바로 문제 만들기이므로, 그런 측면에서 이 문제를 생각해 보기 바란다.

> 문제 만들기가 어려운 아이들에게는 다음 두 가지 방법을 적용해보면 좋다. 첫째는 완성된 문제에 빈 칸을 두고 식에 있는 숫자를 채워 넣는 방법이나 □ 안에 정답을 미리 적어놓고 문제를 만드는 방법이다.

A 곱셈식을 사용할 만한 일이 있었는지 한번 기억을 더듬어볼까?

B 전에 우리 가족이 여행가면서 휴게소에 들렀을 때, 차들이 몇 줄로 서 있었잖아요.

A 그랬구나. 그럼 그 휴게소의 차들을 가지고 문제를 만들어볼까? 일단 곱셈식에

> 몇 개씩 몇 줄로 나열되어 있었는지 기억을 상기시켜보면 좋을 것이다. 기억이 정확하지 않아도 좋다.

서 '8'에 해당되는 것을 무엇으로 할지를 결정해야겠구나.

B '차가 8대씩 서 있는 것'으로 해봐요.

> 만약 이런 대답을 하지 못한다면, '한 줄에 차 8대씩 서 있는 것'으로 가정해볼 수 있도록 유도한다.

A 좋아. 그럼 이제 문제를 만들어보자.

B 휴게소에 차들이 8대씩 □줄로 서 있습니다. 세어보니 모두 32대였습니다. 차들은 몇 줄로 서 있었을까요?

A 아주 훌륭한 문제다.

> 만약 제시된 질문에 대해 의미 있는 답변을 하지 못한다면, 다음과 같은 노력을 지속해야 할 것이다. 문제를 만들어놓고 빈 칸을 채워보는 활동이다. 예) 휴게소에 차들이 □대씩 서 있습니다. 세어보니 모두 □대였습니다. 차들은 몇 줄로 서 있었을까요?

[문제2] 3학년 수준

아래 문제와 유사한 문제를 만들어보고, 풀이 과정도 설명하시오. (단, 숫자카드 4장을 사용해야만 합니다)

숫자카드 3장을 한 번씩만 사용하여 만들 수 있는 세자릿수 중, 가장 큰 수와 가장 작은 수를 구하시오.

| 5 | 9 | 0 |

문제가 성립되는지 확인하는 과정이 바로 풀이 과정에 대한 설명이다. 유사한 문제를 만들고 설명하기 위해서는 아래에 제시된 문제를 해결할 수 있는 힘이 있어야 한다. 다시 말해, 개념이나 원리, 문제해결 방법을 터득하고 있어야만 문제 만들기가 가능하다는 뜻이다. 문제 만들기를 지속적으로 해야 하는 또 하나의 이유다.

> 만약 동시에 여러 명의 아이들과 수업할 일이 있다면, 이러한 문제들을 각자 만들게 하고, 옆 친구에게 풀어보게 하는 활동도 재미있다.

일단 주어진 문제를 풀어보게 한다. 충분한 설명까지 곁들여서 말이다. 그런 후에 문제를 만들도록 하면 좋은데, 이때는 '가장 큰(작은) 수'부터 '세 번째로 큰(작은) 수' 정도까지만 구하라고 하는 것이 무리가 없을 것이다.

A 문제를 해결해볼까?

B 가장 큰 세자릿수는, 백의 자리에 가장 큰 수인 9가 와야 하고, 둘째로 큰 수인 5, 그 다음에 0이 와야 하니까, 950이고요. 가장 작은 세자릿수는, 가장 작은 수인 0이 와야 하는데 0은 맨 앞에 쓸 수 없으니 5, 그 다음이 0, 마지막으로 9가 와야 하니까, 509네요.

A 좋은 설명이야. 방금 네가 직접 설명한 것처럼 머릿속으로 그런 설명을 하듯이 문제를 만들어보자.

> 설명이 어려운 아이라면 문제에 대한 해법을 정확하게 모르는 것이므로, 세자릿수에 맞도록 □□□ 을 해놓고, 숫자를 채워보도록 유도하는 일이 우선되어야 한다.

B 예. 다음과 같이 문제를 만들 수 있어요.

> 다른 숫자 카드를 사용해도 좋다.

숫자 카드 4장을 한 번씩만 사용하여 만들 수 있는 네자릿수 중에서 가장 큰 수와 가장 작은 수를 구하시오.

| 5 | 7 | 0 | 2 |

A 좋은 문제구나. 그럼 같은 방법으로 이 문제를 어떻게 해결할 수 있는지 설명해줄 수 있겠니?

B 만들 수 있는 네자릿수 중에서 가장 큰 수부터 차례로 나열하면 되니까

> 아이는 이 문제를 만들면서 가장 큰 네자릿수와 가장 작은 네자릿수를 떠올렸을 것이다. 자신이 설명해야 한다는 것을 알기 때문이다.

요, ⑦⑤②⓪ 이고, 가장 작은 수는 ⓪이 가장 앞에 올 수 없기 때문에 ② 부터 시작해야 하고, ⓪ 이 백의 자리에 있어야 해요. 그러면 ②⓪⑤⑦ 이 가장 작은 수가 되요.

> 아이에게 네자릿수 □□□□로 해놓고 빈 칸에 숫자를 채우면서 설명을 하게 하면, 훨씬 편하게 설명할 것이다.

[문제 3] 4학년 수준

노란색, 빨간색, 흰색 3개의 깃발이 있습니다. 이 중에 몇 개를 들어 올려서 누군가에게 신호를 보내려고 합니다. 3개의 깃발을 이용하여 보낼 수 있는 신호는 모두 몇 가지인지 설명하시오.

| 비슷한 유형의 문제 |

숫자 카드 ②③④, 3장을 늘어놓아 세자릿수를 만들 수 있는 경우의 수는 얼마입니까?

4학년 수준인 위 문제는 아래에 제시된 6학년의 '수형도' 문제와 비슷한 유형이다. 하지만 문제를 단순화하면 저학년도 풀 수 있다. 정답을 찾기 위한 좋은 방법 중의 하나가 수형도인데, 배우기 전에도 이 방법은 얼마든지 사용할 수 있다. '가지치기 방법', '나뭇가지 방법' 등 모양이나 쓰임새를 따서 이름을 붙여도 된다.

먼저 〈비슷한 유형의 문제〉는 다음과 같은 수형도를 통해서 '빠짐없이' 정리할 수 있다. 지도 방법도 어렵지 않다. 셋 중 가장 작은 수부터 백의 자리에 놓고, 나머지 두 수를 번갈아 십의 자리와 일의 자리에 놓아두면 '빠짐없이' 6가지 모두 찾을 수 있다.

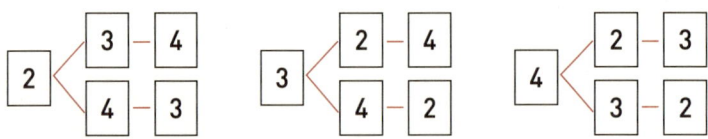

문제 3의 지도 방법도 비슷하다.

A 문제를 잘 읽어보니까, '몇 개를 들어올려서'라는 말이 중요한 것 같구나. 이 뜻을 이해할 수 있겠니?

B 한 개를 올릴 수도 있고, 두 개씩 올릴 수도 있고, 세 개의 깃발을 동시에 올릴 수도 있다는 말이에요.

> 문제 중 놓치지 말아야 할 단서들을 말해보게 하면서 그 의미를 물을 수도 있다.

A 아주 정확한 분석이다. 그러면, 몇 가지 방법이 있는지 '빠짐없이' 찾기 위해서는 어떤 방법이 좋을까?

B 한 개씩 올리는 방법부터 차근차근 정리하면 될 것 같아요.

A 나도 너처럼 할 것 같구나. 자세하게 설명해보자.

B 먼저 한 개씩 들어 올리는 경우인데요, 노란색 한 개, 빨간색 한 개, 흰색 한 개를 들어 올리는 방법, 3가지가 있어요. 두 개씩 들어 올리는 경우는 〈노란색과 빨간색〉, 〈노란색과 흰색〉, 〈빨간색과 흰색〉을 들어올리는 3가지 방법이 있어요. 그리고 3개를 동시에 들어 올리는 방법이 1가지 있어요. 모두 7가지네요.

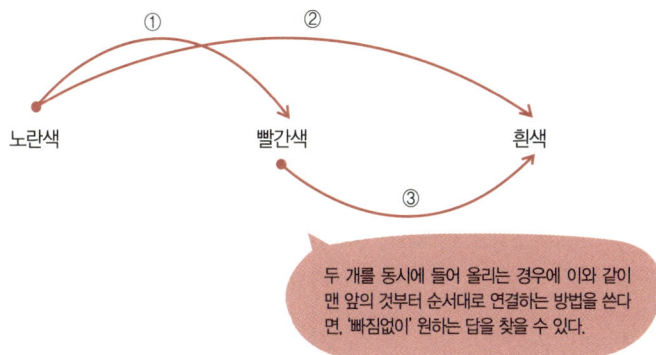

> 두 개를 동시에 들어 올리는 경우에 이와 같이 맨 앞의 것부터 순서대로 연결하는 방법을 쓴다면, '빠짐없이' 원하는 답을 찾을 수 있다.

[문제 4] 5학년 수준

서윤이는 다음과 같은 문제를 만들었습니다. 문제에 필요 없는 단서와 빠져 있는 단서를 찾아보고, 단서를 보완하여 문제를 해결해봅시다.

서윤이는 1주일 동안 모은 2400원과 엄마가 주신 용돈을 합쳐 그 중에서 $\frac{1}{2}$을 저축하고, 나머지로 1주일 전보다 100원을 더 주고 1200원짜리 색연필을 샀더니 얼마의 돈이 남았습니다. 엄마가 주신 용돈은 모두 얼마입니까?

문제를 만들 때에는 구하고자 하는 것을 정확하게 찾을 수 있도록 정확한 단서를 제공해줘야 한다. 그리고 만드는 동안이나 만들기 전에 정답이 정확하게 나올 수 있는지 수를 대입해 확인해보는 절차를 거쳐야만 한다. 이런 과정은 문제해결능력을 향상시키는 데 큰 도움을 준다.

문제 분석을 할 때에는 한 문장을 하나의 단서로 놓고, 각 문장에 ①, ②…와 같은 번

> 이미 만들어진 문제를 분석할 때에도 혼란을 초래하기 위해 제공된 불필요한 단서를 제거해야한다.

호를 붙이면서 문제해결에 도움이 되는 단서인지 아닌지, 만약 도움이 되는 단서라면 그 단서를 어떻게 활용할 것인지를 생각해봐야 한다. 물론 그 전에 구하고자 하는 것이 무엇인지 명심하고, 처음부터 답을 얻을 때까지 잊지 말아야 한다.

A 우리가 구하고자 하는 것이 무엇이지?

B 엄마가 주신 용돈이요.

> 엄마가 주신 용돈을 □라고 가정하고 정리해도 좋다.

A 좋아. 그런데 '엄마가 주신 용돈'을 구하려고 하는데, 할 수 있을 것 같니?

B 구할 수 없어요. '엄마가 주신 용돈'을 구하기 위해서는 색연필을 사고 난 후 얼마가 남았는지 알아야만 하는데, 그냥 '얼마의 돈'이라고만 되어 있어요.

A 그렇구나. 그렇다면 '얼마의 돈'을 정확하게 알 수 있다면 '엄마가 주신 용돈'이 얼마인지 구할 수 있겠구나.

B 예. 만약 그것을 안다면, 그 돈에 1200원을 더하면 색연필을 사기 전의 돈이 얼마인지를 알 수 있을 거예요. 그 돈은 $(2400+\square)\times\frac{1}{2}$을 해서 나온 돈이기도 하니까, 엄마가 주신 용돈을 구할 수 있죠.

A 정말 훌륭한 생각이다. 그런데 이 문제에 문제가 하나 더 있구나. 군더더기 말들이 많아. 우리에게 혼란을 주기 위

> 위 문제는 거꾸로 풀기 전략을 사용하는 문제인데, 얼마의 돈이 명확하게 밝혀져 있어야 색연필을 사기 전의 돈을 구할 수 있고, 그 돈은 2400원과 엄마가 주신 용돈의 절반이라는 단서를 통해 엄마가 주신 용돈을 구할 수 있다.

해 쓸데없는 말을 넣은 것 같구나.

B 맞아요. '1주일 동안 모은', '1주일 전보다 100원을 더 주고'라는 말은 없어도 되는 것들이네요. 문제를 해결하는 데 아무런 도움이 되지 않아요.

A 그럼, 군더더기 말들을 모두 빼고, '얼마의 돈'이 1500원이라고 할 때 위의 문제를 다시 정리해볼 수 있을까?

B 예.

서윤이는 (자신이 갖고 있던) 2400원과 엄마가 주신 용돈을 합쳐 그 중에서 $\frac{1}{2}$을 저축하고, 1200원짜리 색연필을 샀더니 1500원이 남았습니다. 엄마가 주신 용돈은 모두 얼마입니까?

A 이제 문제해결이 가능하겠구나.

B 색연필을 사기 전에는 1500+1200=2700원이 있었어요. 이 돈은 (2400+□)×$\frac{1}{2}$=2700이라고 할 수 있으니까, ( ) 안에 있는 수는 5400이죠. 그러므로 □, 즉 엄마가 주신 용돈은 3000원이네요.

규칙을 발견하라
다양한 형태의 규칙

규칙성과 관련된 문제는 크게 두 가지 소재들로 구성된다. 도형과 수(숫자)이다. 규칙적인 문제의 해결 방법도 크게 두 가지다. 하나는 공통된 부분끼리 묶는 방법(반복 패턴 이용)이고, 다른 하나는 두 양 사이의 관계를 따지는 방법이다.

다음 네 문제를 통해 좀 더 구체적으로 살펴보자.

(1) 규칙에 따라 □ 안에 알맞은 모양을 색칠하시오.

(2) $\frac{3}{7}$ 을 소수로 나타내면 0.42857142857142…입니다. 소수점 아래 98째 자리 숫자는 무엇입니까?

(3) 분수를 규칙적으로 늘어놓았습니다. ☐ 안에 알맞은 수를 써 넣으시오.

$$\frac{4}{1}, \frac{7}{2}, \frac{10}{3}, \frac{13}{4} \cdots \frac{\Box}{60}$$

(4) 정미는 줄 한 개에 구슬을 3개씩 끼워서 목걸이를 만들고 있습니다. 줄의 수가 5개일 때 구슬의 수는 몇 개가 되겠습니까?

문제 (1)은 소재는 도형, 해결 방법은 묶음이고, 문제 (2)는 소재는 수, 해결 방법은 묶음이다. 문제 (3)과 (4)는 소재는 수이고 해결은 두 양 사이의 관계를 따지는 방법을 사용한다.

문제 (1)은, 앞에서부터 도형 3개씩을 묶는다면 ☐ 안에 들어갈 도형은 묶음의 첫째 번에 위치하는 ■이다. 문제 (2)의 경우에는, 428571이 반복되고 있기 때문에 98÷6=16…2에서, 98째 자리 수는 17째 번 묶음의 두 번째 수, 즉 2임을 알 수 있다. 문제 (3)의 경우, 분자는 1씩 커지는 반면, 분모는 3씩 커지고 있다. 즉, 분자와 분모의 관계가 「분모×3+1=분자」이므로, ☐ 안에 들어갈 수는 60×3+1=181이라는 것을 알 수 있다.

> 이렇듯 묶음을 이용하는 경우에는, 문제 (1), (2)처럼 묶음 안에 있는 수나 도형의 개수가 같을 수도 있지만, 한두 개씩 많아지는 경우도 있다.

문제 (4)도 마찬가지다. 표를 그린다면 '구슬의 수'와 '줄의 수'의 관계를 따지는 것이 쉬운데, 어쨌든 줄 1개에 구슬이 3개, 줄 2개에는 구슬이 6개…이므로 '구슬의 수'는 '줄의 수'의 3배라는 것을 알 수 있다. 이것을 일반화하면 「줄의 수×3=구슬의 수」이다.

위에서 제시한 방법은 일종의 알고리즘으로, 이것을 주어진 문제에 활용하면 문제를 해결하는 능력이 증진될 것이다. 알고리즘을 적용할 수 있는 문제들을 충분히 연습하면, 교과서에 제시된 문제들 정도는 쉽게 해결할 수 있을 것이다.

그러나 규칙성과 관련된 문제 상황이 이런 패턴에 따라서만 존재하는 것이 아니다. 다음과 같은 문제를 보자.

> 어떤 규칙에 의해 다음 수들이 나열되어 있다고 할 때, 일곱째 번에 오는 수는 어떤 수인지 설명하시오.
> 6, 14, 29, 51, 80, …

이 문제는 앞의 수와 뒤에 있는 수 사이의 규칙이 쉽게 발견되지 않는다. 그런데 가만히 보니 '앞 뒤 두 수의 차' 사이에는 어떤 규칙이 존재하고 있음을 발견하게 된다. 다음 그림에서처럼 말이다.

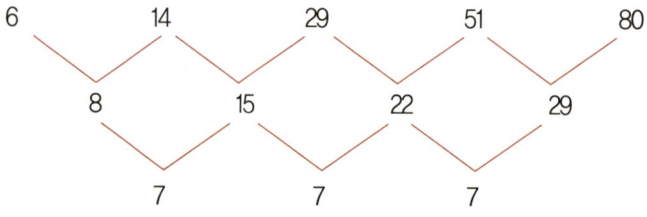

패턴을 익혀 적용하는 능력을 키우는 수학 공부도 중요하지만, 그 이상을 뛰어넘기 위해서는 통찰력과 집중력이 필요하다. 규칙성을 발견해야만 문제해결이 가능한데, 그것이 아이가 알고 있는 패턴 중 하나라면 상관없지만, 아니라면 결국 통찰력과 집중력이 해결의 실마리가 될 수밖에 없다.

통찰력과 집중력이 어느 한 순간에 이뤄지는 게 아님을 잘 알 것이다. 초등 시절부터 이것을 키우기 위한 일관된 학습 방법과 연습만이 그 지난한 과정의 끝을 볼 수 있게 해줄 것이다. 일관된 학습 방법이란 아이가 스스로 문제를 분석하고, 분석한 것을 바탕으로 문제의 해법을 찾으려는 과정을 기다려줄 수 있어야 한다는 말이다. 느린 게 늘어지는 게 아니라면 바라는 바 기꺼이 다가올 것이다.

> 문제의 해법을 찾는 과정에서 학부모와 교사들이 다양한 정보를 제공하는 등의 안내자 역할을 계속해야 한다. 성적이 잠깐 떨어졌다고 해서 지금까지 관철시켜왔던 교육철학이 한순간에 바뀐다면, 우리가 그렇게 바라던 통찰력은 기대할 수 없을 것이다.

엄마와 함께 풀어보아요!

규칙을 발견하는 중요한 두 가지는 묶는 방법과 바로 앞뒤의 두 양 사이의 관계를 따져보는 방법이 있다. 기억해야 할 것은 몇 번의 시행착오를 당연하게 받아들이는 것이다.

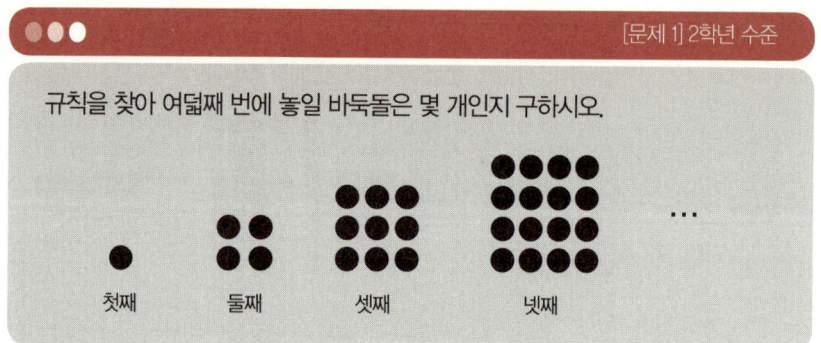

위와 같은 유형의 문제는 많다. 삼각형 모양으로 바둑돌을 놓을 수도 있고, 한 줄로 나열할 수도 있다. 또 두 가지 색깔을 배열하여, 각 색깔의 개수를 구하라고 할 수도 있다. 다음의 문제들과 비교해보자.

규칙을 찾아 6째 번에 놓일 바둑돌은 몇 개인지 구하시오.

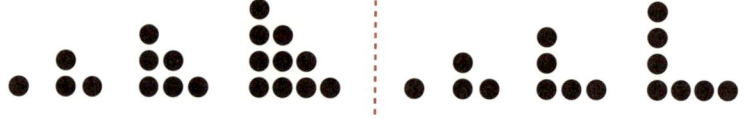

어떤 형태이든 문제해결을 위한 가장 단순한 방법을 찾을 수만 있다면 어려운 문제가 아니다.

문제 1의 경우는, 가로 줄에 있는 바둑돌의 개수와 세로줄에 있는 바둑돌의 개수가 같고, 몇 째가 의미하는 숫자와 같다는 특징을 통해 표를 그려 해결할 수도 있지만, 여기에서는 규칙을 발견해가는 과정에 초점을 맞추겠다.

A 첫째 번에 있는 바둑돌은 1개이다. 둘째 번부터 어떤 규칙을 찾아볼 수 있겠니?

B 둘째는 2개씩 2줄, 셋째는 3개씩 3줄, 넷째는 4개씩 4줄이 있어요.

A 그럼 다섯째 번과 여섯째 번 바둑돌은 어떻게 되어 있을까?

B 다섯째 번 바둑돌은 5개씩 5줄, 여섯째 번 바둑돌은 6개씩 6줄이 있을 거예요.

A 참으로 훌륭한 발견이구나. 그럼, 여덟째 번 바둑돌이 8개씩 8줄이 있을 거라는 것도 알 수 있겠구나. 그런데 문제는 개수를 구하는 거야.

B 예. 둘째 번의 바둑돌은 2개씩 2줄이 있으니까, 전체 개수는 2×2=4, 셋째 번 바둑돌은 3개씩 3줄이 있으니까, 3×3=9… 그러면 여덟째 번 바둑돌은 8×8=64개가 있겠네요.

> 만약 곱셈식을 완전히 터득하지 못한 아이라면 덧셈식을 통해 답을 구할 수도 있을 것이다.

[문제 2] 3학년 수준

어느 해 4월 달력입니다. 그해 3월 14일은 무슨 요일입니까?

일	월	화	수	목	금	토
			1	2	3	4	5
6	7	8	9	10	11	12
13	14	15	16	17	18	19
20	21	22	23	24	25	26
27	28	29	30			

위와 같은 달력을 통한 규칙성찾기 문제는 아이들이 두 가지의 지식을 갖고 있어야만 해결할 수 있다. 1주일이 7일이라는 점 즉, 같은 요일은 7씩 커지는 규칙을 갖고 있다는 점과, 각 달에 며칠이 있는지, 즉 4월은 30일까지, 3월은 31일까지 있다는 것을 알아야만 한다. 또한 '첫째 주'에 대한 정확한 의미도 이해하고 있어야 한다.

3월 달력을 그리지 않고도 앞서 말한 규칙에 의해 해결할 수 있다면 좋겠지만, 그렇지 않다면 달력을 그려놓고, 하나하나 따져보는 활동이 필요하다.

> 그달이 일요일부터 시작하지 않더라도 첫째 주에 해당된다. 예를 들어, 4월 1일이 금요일이라고 할 때, 4월 1일은 첫째 주 금요일이다.

A 달력을 통해서 알 수 있는 점을 모두 말해볼래?
B 같은 요일은 7씩 커져요(1주일은 7일이에요).

A 그렇다면 5월 7일은 무슨 요일일까?

> 주어진 달력을 놓고 이와 같은 다양한 질문을 해보자.

B 수요일이요. 4월 30일이 수요일이니까, 일주일 후는 같은 요일이라는 것을 알 수 있어요.

A 정확하게 알고 있구나. 이제 본격적으로 문제를 해결해보자. 3월 14일이 무슨 요일인지 알기 위해서는 3월 31일이 무슨 요일인지 알면 되겠네.

B 예. 3월 31일부터 7씩 빼면 같은 요일이라는 것을 알 수 있으니까요.… 3월 31일이 월요일, 7을 뺀 24일도 월요일, 17일도 월요일, 10일도 월요일이에요.

A 그렇다면 3월 14일은 무슨 요일인지 어떻게 알 수 있을까?

B 3월 10일이 월요일이고, 14일은 4일 후이기 때문에 금요일이지요.

> 구하고자 하는 달이 전 달이든 몇 개월 후이든, 위와 같은 방법을 사용하면 문제해결이 쉬워질 것이다.

[문제 3] 4학년 수준

그림과 같이 성냥개비를 정사각형 모양으로 늘어놓았습니다. 정사각형이 20개가 되는 것은 몇째 번입니까? 또, 필요한 성냥개비는 몇 개입니까?

| 비슷한 유형의 문제 |

성냥개비로 다음 그림과 같이 삼각형을 만들었습니다. 삼각형 10개를 만드는 데 필요한 성냥개비는 몇 개입니까?

정사각형이 20개가 되는 것이 몇째 번인가는 쉽게 구할 수 있을 것이다. 문제는 성냥개비의 개수이다. 비슷한 유형의 문제도 마찬가지다. 문제 3은 사각형의 개수가 1개씩 많아질 때마다 성냥개비는 3개씩 늘고, 〈비슷한 유형의 문제〉는 삼각형의 개수가 1개씩 많아질 때마다 성냥개비는 2개씩 늘고 있다는 차이가 있을 뿐이다.

A 사각형이 2개일 때에는 사각형이 1개일 때보다 성냥개비가 몇 개가 더 많지?

B 3개요.

A 그럼 사각형이 3개일 때에는 2개일 때보다 몇 개가 더 많지?

B 3개요.

A 이를 통해서 무엇을 알게 되었는지 말해볼 수 있겠니?

B 사각형의 개수가 1개씩 많아질 때마다 성냥개비는 3개씩 늘어나고 있어요.

A 그럼 네가 말한 것을 표로 나타낼 수 있을까?

B 예.

사각형의 개수	1	2	3	4	5	6	…
성냥개비의 개수	4	7	10	13	16	19	…

A 잘했다. 네가 만든 표를 통해, 사각형의 개수와 성냥개비의 개수와는 어떤 관계가 있는지 말해볼 수 있겠니?

B 「성냥개비의 개수=사각형의 개수×3+1」이라고 할 수 있어요.

> 4학년에서는 대응 관계를 학습했기 때문에 이런 질문이 가능하다.

A 관계식으로 잘 나타내었구나. 이제는 문제해결이 어렵지 않지?

> 위와 같이 대응관계를 통해 일반화할 수 있지만, 다음과 같이 할 수도 있다. 사각형의 개수가 2개일 경우에는 최초의 성냥개비 개수인 4에 (3×1)를 더한다. 사각형의 개수 3개일 경우에는 최초의 성냥개비 개수인 4에 (3×2)를 더한다. 그러면 사각형의 개수가 20개일 경우에는 최초의 성냥개비 개수인 4에 (3×19)를 더하면 된다.

B 예. 사각형의 개수가 20개일 경우라면, 「20×3+1=61개」예요.

[문제 4] 4학년 수준

1부터 300까지의 자연수 중에서 3이 들어 있는 수는 모두 몇 개입니까?

위의 문제와 유사한 문제 몇 가지를 나열하면 아래와 같다. 물론 맨 마지막에 있는 문제는 5학년의 〈배수와 약수〉 단원에서 발견할 수 있는 문제이지만, 어쨌든 3의 배수라는 규칙성과 관련되어 있다.

| 비슷한 유형의 문제 |

문제 (1) 100부터 1000까지의 자연수 중에서 숫자 5는 모두 몇 번 들어 있을까요?

문제 (2) 1부터 1000까지의 자연수 중에서 3의 배수는 모두 몇 개일까요?

위의 문제는 한자릿수, 두자릿수, 세자릿수를 따로따로 생각해보면 규칙을 쉽게 발견할 수 있다. 문제 이해의 측면에서 놓치지 말아야 할 것은, 3이 들어 있는 수의 개수를 구하는 것이지, 3의 개수를 구하라는 것이 아니라는 점이다.

A 구하고자 하는 것이 무엇인지 이해하고 있니?

B 예. 3이 들어 있는 수의 개수요.

A 그럼, 33은 2개일까, 아니면 1개일까?

B 1개라고 계산해야 해요.

A 좋아. 이제 1부터 9까지를 놓고, 3이 들어 있는 수를 찾아보자.

B 3 하나 밖에 없어요.

A 이번에는 10부터 99까지를 볼까?

B 13, 23, 33…93까지 9개가 있어요. 30부터 39까지 10개 더 있네요. 그런데 33을 두 번 세었으니까 나중에 하나를 빼주는 것을 잊어서는 안 되요.

A 잘했다. 이번에는 100부터 199까지만 생각해보자.

B 103, 113, 123…193까지 10개가 있어요.

> 10개라는 것을 쉽게 알기 위해서는 십의 자리에 위치한 수를 보면 된다. 십의 자리에 있는 수들은 0, 1, 2, 3…9이므로 10개라는 것을 알 수 있다.

A 그것만 있는 게 아냐. 잘 생각해 보렴.

B 그렇구나. 130부터 139까지 10개 더 있네요.

> 133을 두 번 세고 있으므로 나중에 1개 빼주어야 한다.

A 잘 찾았어. 이제 200부터 300까지는 몇 개인지 잘 찾을 수 있겠구나.

B 예. 203, 213… 293까지 10개, 230부터 239까지 10개예요. 그런데 233은 두 번 세었기 때문에 1을 빼줘야 하네요. 마지막 수인 300에도 3이 하나 들어 있고요.

A 잘했다. 이제 네가 말한 것을 정리해보자.

B 한자릿수에서 3이 들어있는 수는 1개, 두자릿수에서 3이 들어 있는 수는 18개, 세자릿수 중 100부터 199까지 19개, 200부터 299까지 19개, 300에 1개, 이를 모두 더하면 1+18+19+19+1=58개네요.

개념 18

문제를 분석하고 전략을 발견하라

문제 이해와 해결

문제해결의 아버지라 불리는 헝가리의 수학자, 폴리야(George Polya)로부터 이야기를 시작해보겠다. 그는 문제해결의 4단계 과정을 제시한 바 있는데, 1단계: 문제 이해, 2단계: 계획 고안, 3단계: 계획 실행, 4단계: 검토하기가 그것이다. 세분화하여 중요한 점만 나열하면 다음과 같다.

문제 이해	• 모든 용어를 이해하고 있는가? • 자신의 말로 문제를 다시 말할 수 있는가? • 주어진 것이 무엇인지 알고 있는가? • 단서가 부족하지는 않은가? • 이 문제와 유사한 문제를 풀어본 적이 있는가?		
계획 고안	• 추측과 점검 • 도식 그리기 • 방정식 풀기 • 좌표 이용하기 • 간단하게 문제해결하기 • 모델 이용하기	• 그림 그리기 • 수의 성질 이용하기 • 모의 실험하기 • 변수 이용하기 • 추리 이용하기 • 대칭 이용하기	• 목록 만들기 • 거꾸로 풀기 • 차원 분석하기 • 규칙 찾기 • 공식 찾기

검토하기	• 옳게 해결했는가? • 쉬운 방법을 선택했는가? • 해결 방법을 일반화하여 확장할 수 있는지를 보여줄 수 있는가?

 이 장에서 말하고 싶은 문제 분석과 해결 전략은 폴리야의 4단계 중 '문제 이해'와 '계획 고안' 단계이다. 그동안 문제 이해, 즉 문제 분석의 중요성은 수없이 반복하여 강조해왔다. 올바른 전략을 수립하기 위해서는 무엇보다도 문제의 올바른 해석이 우선되어야 한다. 올바른 분석을 위해 주어진 문제의 단서들을 분류해보기도 하고, 부족한 정보나 과잉정보가 있는지 없는지를 따져보기도 하고, 단서의 순서를 바꿔보기도 했다.

 폴리야가 말하는 계획(전략)을 초등수학에서는 크게 10가지로 제시하고 있다.

① 실제로 하여 해결하기

② 그림을 그려 해결하기

③ 식을 만들어 해결하기

④ 표로 만들어 해결하기

⑤ 거꾸로 해결하기

⑥ 규칙을 찾아 해결하기

⑦ 추측과 점검(예상과 확인)으로 해결하기

⑧ 문제를 단순화하여 해결하기

⑨ 논리적으로 추리하여 해결하기

⑩ 수형도를 그려 해결하기

이를 학년별로 정리해보면 다음과 같다.

	문제해결 전략
1	• 실제로 하여 해결하기 – 그림을 그려 해결하기 – 식을 만들어 해결하기
2	• 거꾸로 해결하기 – 규칙을 찾아 해결하기
3	• 표로 만들어 해결하기 – 추측과 점검(예상과 확인)으로 해결하기
4	• 문제를 단순화하여 해결하기 – 논리적으로 추리하여 해결하기
5	• 하나의 문제를 여러 가지 방법으로 해결하고, 그 방법 비교하기 (종합편)
6	• 여러 가지 문제해결 방법을 비교하여, 문제 상황에 적절한 방법 선택하기 (종합편)

위의 방법들을 문제풀이 과정을 통해 설명하겠지만, 염두에 둬야 할 것은, 어떤 문제에 위에 제시된 10가지 방법 중 하나의 방법만 적용되는 건 아니라는 점이다. 교과서에 수록된 다음의 문제를 통해 생각해보자.

> 민수가 가지고 있는 30cm 막대가 부러졌습니다. 부러진 막대를 서로 대보았더니 긴 쪽이 짧은 쪽보다 6cm 더 길었습니다. 긴 쪽 막대의 길이는 몇 cm인지 알아보시오.

위의 문제해결 방법은 '표를 만들어 해결하기'와 '그림을 그려 해결하기', '추측과 점검으로 해결하기'의 방법 중 어느 것을 사용해도 좋다. 하나씩 살펴보겠다.

표로 만들어 해결하기

긴 쪽	29	28	27	…	20	19	18
짧은 쪽	1	2	3	…	10	11	12
차	28	26	24	…	10	8	6

그림을 그려 해결하기

긴 쪽 막대의 6cm를 없앤다고 가정하면 긴 쪽과 짧은 쪽의 길이가 같게 된다. 전체 길이에서 6cm만큼 없어진 24cm를 둘로 나누면, 두 막대는 12cm가 된다. 그래서 짧은 쪽 막대의 길이는 12cm, 긴 쪽은 18cm임을 알 수 있다.

추측과 점검으로 해결하기

① 전체 길이를 대략 20cm, 10cm로 나눈다. 그렇게 되면 두 막대의 차이가 10cm이므로, 긴 쪽의 수는 줄이고 짧은 쪽의 수는 늘여야 한다는 생각을 한다.

② 긴 쪽을 18cm, 짧은 쪽은 12cm로 하면 두 막대의 차가 6cm가 된다는 것을 발견하게 된다.

자기 학년에서 배우게 되는 전략들이 다른 학년에서는 보이지 않는 게 아니다. 1학년부터 배우게 되는 전략들은 다음 학년에 지속적으로 등장하는 전략들이다. 5, 6학년에서는 그동안 배운 전략들을 비교하고 적용해보도록 구성되어 있지만, 이러한 문제해결 전략에 대한 비교와 적용은 최소한 2학년부터는 시작해야 한다.

또 한 가지 염두에 둬야 할 것이 있다. 설령 앞에 제시된 방법이 가장 단순하고 명쾌한 방법이라 하더라도 아이들이 제시한 또 다른 방법도 훌륭한 것이라 여겨야 한다는 점이다. 그것이 다소 복잡하고 우회적인 것이라 할지라도 말이다.

> 부모와 아이, 교사와 아이의 문제해결 전략이 똑같지 않아야, 오히려 아이의 문제해결력이 커진다. 서로 대화와 토론을 통해서 또 다른 전략을 검토할 수 있기 때문이다.

 **엄마와 함께 풀어보아요!**

문제해결 전략 수립을 위해 전제되어야 할 일은 문제 분석! 문제에 제시된 단서들을 아이와 함께 따져보면서 필요한 전략을 찾아본다. 10명 중 9명이 어려워하는 분야라는 점을 명심하자.

> [문제 1] 2학년 수준 – 표로 만들어 해결하기, 추측과 점검으로 해결하기, 논리적으로 추리하여 해결하기

> 농장에 오리 8마리와 소 몇 마리가 있습니다. 다리를 모두 세어보니 52개입니다. 농장에 있는 소는 몇 마리입니까?

위의 문제는 2학년 수준에서는 '표로 만들어 해결하기'의 전략을 통해 해결하도록 요구하고 있지만, 4학년 수준에서는 '추측과 점검으로 해결하기', 5학년에서는 '논리적으로 추리하여 해결하기' 등의 방법을 적용할 수 있다. 물론 2학년 수준에서 위의 세 전략을 모두 사용할 수도 있다.

'추측과 점검으로 해결하기'와 '논리적으로 추리하여 해결하기'에 대한 지도법을 간단하게 언급하고, '표로 만들어 해결하기' 전략을 구체적으로 다뤄보기로 하자.

추측과 점검으로 해결하기

소의 수를 대략 10마리 정도로 예상하면 다리 수는 40개, 오리는 8마리이므로 다리 수는 16개이다. 그러므로 다리 수는 모두 56개가 된다. 그러면 다리 수가 4개 더 많은 꼴이 되므로, 소의 수를 점점 줄여가면서 전체 다리

수가 52개가 되도록 한다.

논리적으로 추리하여 해결하기

소 1마리는 다리가 4개이고, 오리의 다리는 2개이다. 그러면 오리의 다리 수는 16개이고, 전체 다리 수 52개에서 16개를 제외하면 36개의 다리가 남게 된다. 이것은 소의 다리 수이므로 4×□=36, 결국 소가 9마리라는 것을 알 수 있다.

A 구하고자 하는 것이 뭘까?

B 소의 다리 수요.

A 소의 다리 수를 알기 위해서 먼저 알아야 할 것이 뭘까?

B 오리의 다리 수요. 그것을 알아야 「오리의 다리 수+소의 다리 수=52」를 통해 소의 다리 수를 구할 수 있어요.

A 잘했다. 그럼, 오리의 다리 수를 구할 수 있겠니?

B 예. 오리는 한 마리에 다리가 2개씩 있기 때문에, 8×2=16개예요.

A 이제, 다음 표를 통해 소의 다리 수를 구해보자.

B 예.

오리의 수	8	8	8	…	8	8	8
오리의 다리 수	16	16	16	…	16	16	16
소의 수	1	2	3	…	7	8	9
소의 다리 수	4	8	12	…	28	32	36
다리의 합	20	24	28	…	44	48	52

> 아직 이런 표를 아이 스스로 만들 줄 모른다 하더라도, 이런 활동을 해야만 한다. 특히 중요한 것은 항목을 어떻게 분류할 것인가이다.

A 잘 찾았구나. 네가 만든 표를 통해서 소가 몇 마리인지 말해줄 수 있겠니?

B 예. 소가 9마리가 있어야 전체 다리 수가 52개가 된다는 것을 알 수 있어요.

[문제 2] 2학년 수준 – 거꾸로 해결하기, 논리적으로 추리하여 해결하기

서영이가 가지고 있던 공깃돌에서 서윤이에게 9를 주었더니, 두 사람의 공깃돌이 41개로 같아졌습니다. 처음에 서영이와 서윤이가 가지고 있던 공깃돌은 각각 몇 개입니까?

이 문제는 2학년 수준의 문제이지만, 3학년이나 4학년에게도 줄 수 있는 문제이다. 먼저 '논리적으로 추리하여 해결하기' 방법을 소개하고자 한다. 이때 그림을 통해 보여준다면 훨씬 잘 이해할 수 있을 것이다.

논리적으로 추리하여 해결하기

① 서영이가 서윤이에게 9개를 주어서 두 사람의 공깃돌 수가 같아졌다는 것으로 미루어보아, 처음에는 서영이가 공깃돌을 많이 가지고 있었다는 것을 알 수 있다.

② 서영이는 처음에 갖고 있는 공깃돌의 개수에서 9개가 없어졌을 것이고, 반대로 서윤이는 9개가 많아졌을 것이다.

③ 그러므로 서영이는 41+9=50개, 서윤이는 41-9=32개를 가지고 있었다는 것을 알 수 있다.

A 맨 마지막 상황부터 살펴보자. 이때, 두 사람이 각각 몇 개씩 가지고 있니?

서윤이에게 9개를 줌   41개 가지고 있음

서영이에게 9개를 받음   41개 가지고 있음

> 이와 같이 그림을 그려가며 마치 실제 있었던 일처럼 보여준다면 이해가 쉬울 것이다.

B 두 사람이 41개씩 가지고 있어요.

A 서영이가 서윤이에게 9개를 주기 전에는 몇 개를 가지고 있었을까?

B 서윤이에게 9개를 주기 전에는 41개보다 9개가 많았을 거예요. 그래서 「41+9=50개」요.

A 잘했다. 이번에는 서윤이의 경우를 생각해보자. 서윤이가 갖고 있는 41개의 공깃돌은 어떻게 생기게 된 거지?

B 서영이에게 9를 받아서 그렇게 된 거니깐, 서영이에게 받기 전에는 41개보다 적은 공깃돌을 가지고 있었을 거예요.

A 바로 그거야. 그럼, 서영이에게 받기 전의 공깃돌을 구할 수 있겠니?

B 예. 41개보다 9개 적은 「41-9=32개」의 공깃돌을 가지고 있었어요.

[문제 3] 3학년 수준 – 추측과 점검으로 해결하기

1부터 9까지의 수를 한 번씩 사용하여, 가로, 세로의 세 수의 합이 모두 같게 만들어보시오.

위의 문제를 해결하기 전에 마방진을 구성하는 원리에 대해 알아보기로 하자.

대각선 방향으로 1부터 9까지 수를 채워 넣은 후, 3×3의 정사각형 밖에 있는 수들을 비워진 칸 중 가장 먼 곳에 옮겨 적게 되면 3×3 마방진이 만들어진다.

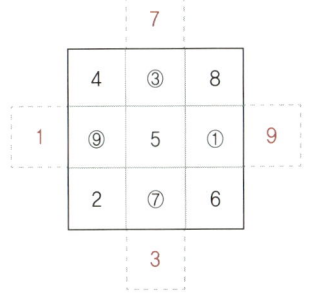

위와 같은 마방진의 원리를 알고 있다면, 이 문제를 보다 쉽게 해결할 수 있겠지만, 그렇지 않다 해도 추측과 점검의 방법(시행착오를 통한 방법)으로 해결이 가능할 것이다. 문제는 많은 아이들이 시행착오를 줄여가는 이러한 방법들을 힘들어한다는 것이다.

이러한 문제는 일단 1부터 9까지의 수를 나열해놓고, 하나씩 삭제해가는 방법을 동원해보자. 또한 설명을 쉽도록 하기 위해 표에 다음과 같이 기호를 붙이도록 하겠다.

㉠	㉡	㉢
㉣	㉤	9
6	㉥	㉦

A 일단 우리가 사용할 수 있는 숫자는 1부터 9이기 때문에, 공책에 쭉 나열해놓고 생각해보자.

B 예. 1 2 3 4 5 6 7 8 9

> 6과 9는 이미 쓰여져 있으므로, 그 수에 × 표시를 한다.

A 9가 속해 있는 한 줄(ⓒ, 9, ⓢ)에 나머지 두 수가 들어가야 한다면 어떤 수가 적당할까?

> (ⓔ, ⓜ, 9)를 놓고, 질문을 시작해도 좋다.

B ⓒ과 ⓢ 둘 중 하나는 1과 같은 작은 수가 들어가야 할 것 같아요. 9개의 수 중에 가장 큰 수인 9가 있기 때문이에요.

A 참으로 훌륭한 생각이다. 그럼 ⓢ에 1이 들어간다고 가정하고, ⓒ에 2가 들어간다면, ⓑ에는 어떤 수가 들어갈까?

B 5가 들어가야 해요. 왜냐하면 9+1+2=12이므로 6+5+1이어야 합이 같아지니까요.

A 좋은 설명이다. 그럼, ⓔ+ⓜ+9도 12가 되어야겠구나.

B 예. 그런데 이상해요. ⓔ+ⓜ이 3이 되어야 12가 되는데, 3이 되는 두 수는 이미 사용했기 때문에 들어갈 수가 없어요.

A 자, 이제 ⓢ을 1, ⓒ을 5라 놓고 생각해보자. 그러면 ⓑ에 들어갈 수는 뭘까?

> ⓢ을 1, ⓒ을 2라 놓고 예상한 결과, 문제가 발생했다는 것을 알 수 있으니 수정이 필요하다. 그래서 ⓒ을 3이라 놓고 따져보고, 4라 놓고 따져본다. 그래도 원하는 답을 발견할 수 없을 것이다. 이제 ⓒ을 5라 놓고 생각해본다.

B 세 수의 합이 15이므로 ⓑ에 들어갈 수는 8이 되요.

A 네가 찾은 것을 정리하면 다음과 같겠구나. 이제 답을 찾기까지 얼마 남지 않았다. ⓐ에 들어갈 수를 예상해볼까?

		5
		9
6	8	1

B 큰 수들 중에 7을 넣어보는 것이 좋을 것 같아요. 만약 2처럼 작은 수가 들어가면, ㉡에 들어갈 수가 없을 것 같아서요.

7	3	5
2	4	9
6	8	1

A 좋아. ㉠에 들어갈 수를 7이라고 할 때, 나머지 빈 칸을 채워보도록 하자.

B 예.

[문제 4] 4학년 수준 – 규칙을 찾아 해결하기

게시판에 정사각형 모양의 색종이를 그림과 같이 압정으로 이어 붙이려고 합니다. 색종이 15장을 이어 붙이려면 압정은 모두 몇 개 필요합니까?

색종이와 압정 수의 관계를 묻고 있다. 4학년에서는 대응관계를 익히는 과정이므로, 표를 완성해보고 두 양이 갖고 있는 관계를 찾아보는 활동으로 이 문제를 해결하겠다.

A 색종이 한 장을 붙일 때, 압정은 몇 개 필요할까?

B 8개요.

4×2개라고 하는 것이 좋다.

A 색종이 두 장을 붙일 때, 압정은 몇 개 필요할까?

B 4×3개요.

A 그럼 표를 그려 색종이 수와 압정 수의 관계를 나타내보자.

B 예.

색종이의 수	1	2	3	4	5
압정 수	4×2	4×3	4×4	4×5	4×6

A 잘했어. 이를 색종이 수와 압정 수의 관계식으로 나타내볼 수 있겠니?

B 「압정 수=(색종이 수+1)×4」라고 할 수 있어요.

A 이제, 색종이 15장을 이어 붙일 때 압정의 개수를 구할 수 있겠구나.

B 예. (15+1)×4=64, 64개예요.

> 이렇게 관계식으로 나타내지 못하더라도, 표를 통해 색종이 수보다 1 큰 수와 4를 곱하면 압정 수라는 것을 표현할 줄 안다면, 문제를 제기할 필요가 없다.

[문제 5] 5학년 수준 – 그림을 그려 해결하기

노란 구슬 1개의 무게는 파란 구슬 5개의 무게와 같습니다. 노란 구슬 4개와 파란 구슬 12개의 무게가 96g이라면, 노란 구슬 1개와 파란 구슬 1개의 무게는 각각 몇 g입니까?

| 예제 |

서윤이의 나이는 12살이고, 어머니의 연세는 48세입니다. 어머니의 연세가 서윤이의 나이의 3배가 되는 것은 지금부터 몇 년 후인지 구하시오.

위의 문제와 〈예제〉는 서로 다른 유형이지만, 그림을 그려 해결한다면 매우 쉽게 해결될 수 있다.

먼저 예제의 경우, 어머니의 연세가 서윤이 나이의 3배가 되는 몇 년 후를 기준으로 삼으면, 다음과 같은 그림을 그릴 수 있다. 이런 그림이 가능한 것은 지금이나 몇 년 후나 두 사람의 나이차가 항상 일정하기 때문이다.

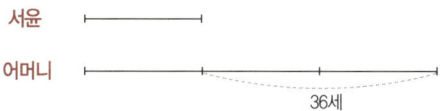

즉, 어머니가 서윤이 나이의 3배가 되는 시점이나 지금이나, 두 사람의 나이 차는 36세라는 점을 이용하여 위와 같은 그림을 그릴 수 있다. 그러면 눈금 하나의 크기는 18이 되므로, 서윤이의 나이가 18살이 될 때 두 사람의 나이차가 3배가 된다는 것을 알 수 있다.

이제 문제 5를 해결해보자.

A 노란 구슬 1개와 파란 구슬 5개의 무게가 같다는 것을 그림으로 나타내봐라.

B 다음과 같이 나타낼 수 있어요.

● = ●●●●●

A 좋아. 이번에는 노란 구슬 4개와 파란 구슬 12개의 합이 96g이라는 것도, 위와 같은 방법을 나타내보렴.

B 예.

●●●● + ●●●●●●●●●●●● = 96g

A 방금 그린 두 종류의 그림을 이용해서 파란 구슬 1개의 무게를 구할 수 있겠니?

B 예. 노란 구슬 4개를 모두 파란 구슬로 바꿔보면 파란 구슬 1개의 무게를 구할 수 있어요.

A 좋다. 계속 설명해보렴.

B 노란 구슬 1개는 파란 구슬 5개와 같으니, 노란 구슬 4개는 파란 구슬 20개와 무게가 같다는 뜻이에요. 결국 파란 구슬 32개가 96g이라는 말과 같으니, 파란 구슬 1개는 3g이네요.

A 파란 구슬 1개의 무게 값을 알았으니까, 노란 구슬의 무게도 구할 수 있겠구나.

B 노란 구슬의 무게는 파란 구슬의 5배이니깐 15g이에요.

[문제 6] 5학년 수준 – 논리적으로 추리하여 해결하기

진구와 서영, 서윤, 동하는 운동을 좋아한다. 서영이는 배드민턴을 좋아하기 때문에 언제나 라켓을 가지고 다닌다. 진구와 동하는 농구를 할 줄 모른다. 서영이와 진구는 자전거를 가지고 있지 않다. 4명의 아이들이 자전거, 스케이트, 배드민턴 라켓, 농구공을 서로 다르게 가지고 있다면 누가 어떤 것을 가지고 있는지 알아보시오.

위 문제는 1:1대응이 성립해야만 문제로서의 의미가 있다. 즉 4명이 각자 배드민턴, 농구, 자전거 타기, 스케이트 타기를 좋아해야만 한다는 것이다. 어느 사람은 4가지의 운동 중 2가지 이상을 좋아한다면 문제가 성립되지 않는다.

'논리적으로 추리하기'는 위의 단서 하나하나를 따져가며, 누가 어떤 종류의 운동을 좋아하는지를 발견하는 과정을 의미한다.

> 아이들에게는 '진위표' 또는 '진리표'라는 이름으로 표를 완성해가며 문제를 해결하도록 하는 게 좋다. 이미 검증된 것들을 다시 잊지 않기 위해서 말이다.

A 다음 표를 놓고, 위의 단서들을 하나하나 따져보도록 하자.

	자전거	스케이트	배드민턴 라켓	농구공
진구				
서영				
서윤				
동하				

먼저 첫 번째 단서인 "서영이는 배드민턴을 좋아하기 때문에 언제나 라켓을 가지고 다닌다."를 통해 알 수 있는 것은 뭘까?

B 서영이가 배드민턴 라켓을 가지고 있다는 것을 알 수 있어요.

A 그럼, 표에 ○ 표시를 해놓자.

B 예.

	자전거	스케이트	배드민턴 라켓	농구공
진구				
서영			○	
서윤				
동하				

A 서영이가 배드민턴 라켓을 가지고 있기 때문에, 다른 친구들은 라켓을

갖고 있지 않다는 것도 알 수 있겠구나. 또 서영이는 자전거, 스케이트, 농구공을 가지고 있지 않다는 것도 말이야.

B 예. 그러면 표에 다음과 같은 표시를 해야겠네요.

	자전거	스케이트	배드민턴 라켓	농구공
진구			×	
서영	×	×	○	×
서윤			×	
동하			×	

A 그렇지. 이번에는 두 번째 단서와 세 번째 단서를 동시에 보도록 하자. "진구와 동하는 농구를 할 줄 모른다. 서영이와 진구는 자전거를 가지고 있지 않다."를 통해 알 수 있는 것을 말해볼 수 있겠니?

B 예. 진구와 동하는 농구공을 갖고 있지 않다는 점과 서영이와 진구는 자전거를 갖고 있지 않다는 것을 알 수 있어요.

A 방금 발견한 정보를 표에 정리해보자.

B 예.

	자전거	스케이트	배드민턴 라켓	농구공
진구	×		×	×
서영	×	×	○	×
서윤			×	
동하			×	×

A 자, 이제 우리는 모든 단서를 이용했단다. 우리가 찾은 정보들을 이용해서 누가 무엇을 갖고 있는지를 알아야만 한다.

B 표를 보니까, 누가 어떤 것을 갖고 있는지 알 수 있을 것 같아요. 진구

는 자전거와 배드민턴 라켓, 농구공을 갖고 있지 않으니, 진구가 갖고 있는 것은 스케이트네요.

A 그렇지. 그럼 진구가 스케이트를 갖고 있으니 표에 표시를 해보자.

B 예.

	자전거	스케이트	배드민턴 라켓	농구공
진구	×	○	×	×
서영	×	×	○	×
서윤			×	
동하			×	×

A 잘했다. 진구가 스케이트를 가지고 있다는 것은 다른 친구들은 스케이트를 갖고 있지 않다는 뜻이라는 것도 알고 있겠구나.

B 그럼요. 그래서 표에 이렇게 표시해야만 해요.

	자전거	스케이트	배드민턴 라켓	농구공
진구	×	○	×	×
서영	×	×	○	×
서윤		×	×	
동하		×	×	×

A 어떠니, 누가 어떤 것을 갖고 있는지 확실하게 알 수 있겠니?

B 예. 농구공은 서윤, 동하가 자전거를 갖고 있다는 것이 확실해졌어요.

[문제 7] 6학년 수준 – 거꾸로 해결하기, 그림을 그려 해결하기

서영이는 가지고 있던 돈의 $\frac{1}{3}$보다 400원 많은 돈을 저축하고, 나머지의 $\frac{1}{4}$보다 500원 많은 돈으로 공책을 샀습니다. 또 다른 가게에서 나머지의 $\frac{4}{5}$보다 200원 적은 돈으로 연필을 샀더니 1000원이 남았습니다. 처음에 가지고 있던 돈은 얼마입니까?

구체적인 지도 과정을 살펴보기 전에, 이 문제보다 좀 더 단순한 문제를 놓고 해결 방법을 생각해보자. 위의 문제와 차이가 있다면 '몇 분의 몇 보다 몇 백 원이 더 많거나 적다'는 단서일 뿐이다.

> 상당히 어려운 문제이다. 그림을 통해서 문제를 단순화시켜 놓고 거꾸로 접근해나간다면, 문제해결이 훨씬 용이해질 것이다.

서영이는 가지고 있던 돈의 $\frac{1}{3}$만큼을 저축하고, 나머지 $\frac{1}{4}$돈의 만큼으로 공책을 샀습니다. 또 다른 가게에서 나머지의 $\frac{1}{6}$만큼의 돈으로 연필을 샀더니 1000원이 남았습니다. 처음에 가지고 있던 돈은 얼마입니까?

이 문제를 그림으로 나타내면 다음과 같다.

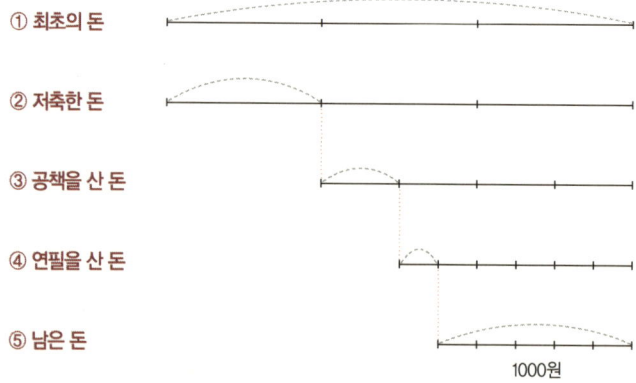

① 최초의 돈
② 저축한 돈
③ 공책을 산 돈
④ 연필을 산 돈
⑤ 남은 돈
1000원

전체 돈에서 $\frac{1}{3}$만큼 저축을 했다면, 나머지는 전체의 $\frac{2}{3}$, 즉 전체를 똑같이 나눈 것 중의 2칸이 된다. 공책을 산 돈은 전체의 2칸 중에 에 해당되므로, 그 2칸을 똑같이 4개로 나눈 것 중 하나가 될 것이다. 연필을 산 돈은 공책을 사고 난 나머지인 3칸을 똑같이 6개로 나눈 것 중 하나이므로, 결국 1000원은 연필을 사고 난 나머지인 5칸에 해당된다. 그러므로 한 칸은 200원을 의미한다. 한 칸이 200원임을 알았으니, 연필을 사기 전의 돈은 1200원이라는 것을, 공책을 사기 전의 돈은 1600원이라는 것을 알 수 있다. 우리가 구하고자 하는 최초의 돈, 즉 저축하기 전의 돈은 2400원이다.

이제, 방금 설명한 부분을 참고하여 문제 7에 대한 대화를 시작해보자.

A 문제는 그림을 그려서 단순화시킨 후, 거꾸로 해결하기 방법을 사용하면 좋을 것 같지? 먼저 문제를 그림으로 나타내보자.

B 예.

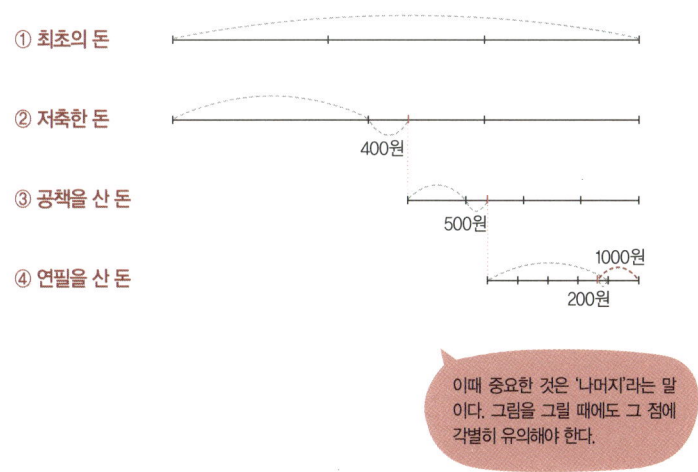

A 이제, 연필을 산 돈이 얼마인지 설명해볼 수 있겠니?

B 예. 연필을 사고 남은 돈이 1000원인데, 이 돈은 연필을 사기 전 돈의 $\frac{1}{5}$보다 200원이 많은 돈이에요. 즉 800원이 연필을 사기 전 돈의 $\frac{1}{5}$에 해당되는 돈이에요.

A 그렇구나. 그럼 연필을 사기 전의 돈은 「800원×5=4000원」이 되겠구나. 이제 공책을 사기 전의 돈에 대해 알아보자.

B 공책을 사기 전 돈의 $\frac{3}{4}$은 연필을 사기 전의 돈에다 500원을 더한 값과 같아요. 즉, 연필을 사기 전의 돈인 4000원에 500원을 더한 4500원이 공책을 사기 전 돈의 $\frac{3}{4}$과 같기 때문에, 공책을 사기 전의 돈은 「1500원×4=6000원」이에요.

A 그 6000원에 400원을 더하면 저축하기 전 돈의 $\frac{2}{3}$에 해당되겠구나.

B 그렇죠. 6400원이 저축하기 전 돈의 $\frac{2}{3}$에 해당되기 때문에 저축하기 전의 돈은 3200×3=9600원이에요. 이 돈이 바로 서영이가 처음에 가지고 있던 돈이에요.

[문제 8] 6학년 수준 – 수형도를 그려 해결하기

> 서영이는 흰색, 빨간색, 초록색 셔츠와 청색, 검은색, 노란색 바지가 있습니다. 잠바는 분홍색, 주황색, 파란색을 가지고 있습니다. 서영이가 외출을 할 때, 이 세 가지를 모두 입는다면 각각 다르게 옷을 입는 경우는 몇 가지입니까?

수형도는 나뭇가지 모양의 그림을 말한다. 앞에서 말했듯, 수형도를 그리지 않고 문제해결을 하려 한다면 도무지 헷갈릴 수밖에 없다. 그래서 3종류의 셔츠와 바지, 잠바를 입을 수 있는, 서로 다른 경우의 수를 수형도라는 그림을 통해 따져보는 것이 명쾌한 방법이다.

그럼에도 불구하고 위 문제가 어렵게 느껴진다면, 다음의 경우처럼 2종류로 단서를 한정하거나, 셔츠와 바지 수를 2가지 정도로 축소하여 생각해 보도록 하자.

> 서영이는 흰색, 빨간색, 초록색 셔츠와 청색, 검은색, 노란색 바지가 있습니다. 서영이가 외출을 할 때, 이 두 가지를 모두 입는다면 각각 다르게 옷을 입는 경우는 몇 가지입니까?

이제 문제 8을 해결해보자.

A 흰색 셔츠와 세 종류의 바지를 입을 수 있는 경우를 모두 따져볼까?

B 흰색 셔츠와 청색 바지, 흰색 셔츠와 검은색 바지, 흰색 셔츠와 노란색 바지를 입을 수 있어요.

A 그럼, 셔츠는 흰색, 바지는 청색을 입고 세 종류의 잠바를 입을 수 있는 경우를 생각해보자.

B 흰색 셔츠와 청색 바지와 분홍색 잠바, 흰색 셔츠와 청색 바지와 주황

색 잠바, 흰색 셔츠와 청색 바지와 파란색 잠바를 입을 수 있어요.

A 잘했다. 방금 네가 말한 것을 그림으로 나타내면 다음과 같단다.

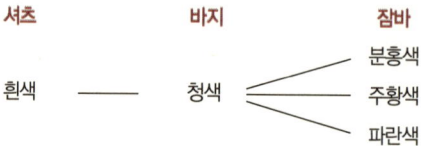

이번에는 셔츠는 흰색을, 바지는 검은색을 입고 세 종류의 잠바를 입은 경우를 나타내볼래?

B 예. 다음처럼 나타낼 수 있어요.

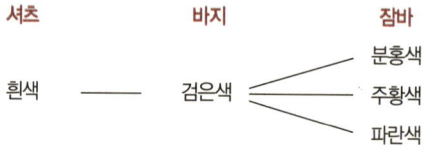

A 잘했다. 방금 우리가 만든 수형도를 통해, 셔츠는 흰색을 입고 바지와 잠바를 각각 입을 수 있는 방법이 몇 가지인지 말해볼 수 있겠니?

B 예. 흰색 셔츠를 입고 바지와 잠바를 각각 다르게 입을 수 있는 방법은 모두 9가지예요. 흰색 셔츠와 청색 바지를 입고, 세 종류의 잠바를 입을 수 있는 경우가 3가지이니깐, 청색 바지 대신 검은색 바지를 입을 때에도 3가지, 노란색 바지를 입을 때에도 3가지죠.

A 대단히 훌륭한 설명이다. 그럼 빨간색 셔츠를 입을 경우와 초록색 셔츠를 입을 경우도 각각 9가지가 있겠구나.

B 예. 그래서 모두 3×9=27가지예요.

지식 노트

계산 노트